Thomas Brandsdörfer
Eine Wendung

Dieses Buch ist eine – leider post mortem –
Hommage an meine Mutter
…denn sie hat diese Wendung schon lange vollzogen
bevor ich so etwas überhaupt verstehen
und schätzen konnte.
Diese Wendung war der ganze Inhalt ihres Lebens,
ihrer Kunst und ihrer Persönlichkeit.

Ich widme dieses Buch auch meiner just in diesen Tagen
geborene Enkelin
Nives Vera Elisabeth
…vielleicht wird sie auch, wie ihre Ur-Großmutter,
irgendwann so eine Wendung vollziehen…

Meine Mutter, die Künstlerin Tatiana Brandsdörfer (Malerin), ist sehr weit von dem Ort, in dem ich wohnte, am 02. Juli 1991 gestorben. Sie hat veranlasst, dass ich erst nach ihrer Beerdigung von ihrem Tod benachrichtigt werden sollte. Ich habe erst am Abend des besagten Tages von ihrem Tod *erfahren*… Erstaunlich: Diese Nachricht/*Erfahrung* verursachte mir keine Tränen, keine Traurigkeit, umso weniger eine vorübergehende Depression. Wahr ist es auch, dass in der Zeit, die folgte, ich mit ihr oft versuchte „zu sprechen" – ich versuchte, sie zu suchen… und nicht selten zündete ich eine Kerze an, um voller Pietät einige Minuten intensiv an sie zu denken.

Das ist viel und schön … und zugleich viel zu wenig – ich hatte doch meine Mutter verloren!

Fast fünfundzwanzig Jahre nach ihrem Tod – im Dezember 2015, gerade als ich an der Übersetzung dieses Buches arbeitete – habe ich durch Zufall in einer vergessenen Schublade einige von meiner Mutter gemalte Bilder gefunden. Auch wenn diese Bilder, künstlerisch gesehen, nicht die besten von ihr waren, hatten sie eine unbeschreibliche Impaktkraft auf meine Seele ausgeübt. Plötzlich war ich direkt mit ihrer Seele konfrontiert! Ich brach zum ersten Mal in Tränen aus – so, wie jeder Mensch bei der *Erfahrung* des Verlustes seiner Mutter! Ich bewunderte und vermisste ihre exemplarische, tief christlich geprägte Moral. Erst in diesem Moment schätzte ich ihre unbegrenzte Liebe für

Menschen, Tiere und auch für die Farben und die Musik richtig ein. Nach so langer Zeit, habe ich durch diese Bilder viel, sehr viel verstanden...

Die vergessenen Bilder haben mir meine Mutter nicht zurückgebracht... Nein! Sie haben aber die *Empfindung* ihres Todes in mir ermöglicht! Die Kunst – ihre Kunst! – hat nach fast fünfundzwanzig Jahren das quasi Unmögliche geschafft: Die *Erfahrung* mit der *Empfindung* doch zu paaren, so wie es sich gehört! Ich hätte nie ahnen können, dass zwischen der *Erfahrung* und der *Empfindung* dieser, eine so lange Zeitspanne vergehen kann! Anscheinend gelten in der Welt der Seele und der Emotionen keine von vernunftgeprägten Regeln, denn dort auch das Unmögliche immer möglich ist.

Thomas Brandsdörfer - *Eine Wendung*

THOMAS BRANDSDÖRFER

EINE WENDUNG

VON DER VERNUNFT ZU EMOTIONEN

Bibliografische Information der Deutschen Nationalbibliothek:
Die Deutsche Nationalbibliothek verzeichnet diese Publikation in der Deutschen Nationalbibliografie; detaillierte bibliografische Daten sind im Internet über http://dnb.dnb.de abrufbar.

© 2016 **Thomas Brandsdörfer**

Cover: **Guido Wedenissow**

Übersetzung aus dem Rumänischen: **der Autor**

Ein großer Dank für die wertvollen Anregungen und Verbesserungen bei der Übersetzung dieses Buches gilt Frau **Rosemarie Gramberg** *und Frau* **Ursula Stoye.**

Herstellung und Verlag: BoD – Books on Demand, Norderstedt

ISBN: 978-3-7412-2431-7

INHALT

VORWORT..9

Das Schweigen, die Ziffer Null und die Ruhe

I - DAS SCHWEIGEN..18

II - DIE ZIFFER NULL..25
II-A DIE „MATHEMATISCHE" NULL..25
II-B DIE „PHILOSOPHISCHE" NULL..34
II-C DIE „ABSOLUTE" NULL..45

III - DIE RUHE..49

Farbe und Sein

I - EINLEITUNG..56

II - DOKUMENTARISCHER TEIL..66

WAS SAGT DIE **PHILOSOPHIE** ÜBER DIE FARBEN?..................66
WAS SAGT DIE **PHYSIK** ÜBER DIE FARBEN?............................95
WAS SAGT DIE **NEUROPHYSIOLOGIE**
ÜBER DIE FARBEN?...111
KONKLUSIONEN ZUM DOKUMENTARISCHEN TEIL..............117

III - ESSAYISTISCHER TEIL..122

DAS MENSCHLICHE SEIN
UND DAS EMPFANGENE GESCHENK..122
-FARBE IM ALLTAG...122
-FARBE ALS INFORMATION..123
-SYMBOLIK DER FARBE..124
-AKTIVE BEZIEHUNG MENSCH-FARBE....................................126
-FARBE IN DER NATUR...126
-FARBE UND KUNST...127
-FARBABSTINENZ IN DER KUNST..129
-DREI FUNKTIONEN DER FARBE IN DER KUNST....................131
-FARBE IN MALEREI...133
-FARBE IN FILM..141

→ → →

DER ANTAGONISMUS LOGOS-MYTHOS
UND DIE CHANCE MENSCHLICHEN SEINS
IN FARBE UND MUSIK..147
-LOGOS UND MYTHOS SPHÄREN - INHALTE............................147
-SPANNUNG ZWISCHEN LOGOS UND MYTHOS........................152
-AUSGLEICH DURCH MUSIK..156
-AUSGLEICH DURCH FARBE..158
-AUSGLEICH DURCH LIEBE...160
-ZUHÖREN UND BETRACHTEN..162
-MUSIK UND FARBE - OFFENE WERKE......................................164
-MUSIK, FARBE UND ESSENZEN..166
-*„AMOR MUSICAE"* UND *„AMOR CHROMATIS"*..................167
-SCHLUSSREDE..170

Krällchen
Ein Text aus dem Reich der Emotionen

KRÄLLCHEN..174

***

Vita des Autors...189

Vorwort

Für die Leser, die schon einige Schriften von mir kennen, sollte es eine Evidenz sein: Ich habe immer versucht, die Idee mit der Emotion zusammen zu koppeln, d. h. die emotionelle Aura der Ideen als auch den Ideenkern der Emotionen zum Ausdruck zu bringen.

Ich halte es für ein starres Vorurteil zu behaupten, die Welt von Ideen – philosophischen Ideen! – hätte mit der Welt der Emotionen nichts Gemeinsames, und umso mehr zu glauben, dass diese beiden Welten sich gegenseitig ausschließen[1]. Vielmehr ergänzen sich die Sphären der Ideen/Vernunft und die der Emotionen, ja, wiederspiegeln sich, suchen und unterstützen sich sogar gegenseitig, auch wenn dies nicht immer augenscheinlich ist. Denn was das Menschliche ausmacht – der Geist und die Seele – sind nicht zwei unabhängige *Monaden*, sondern eine komplexe, sehr komplexe *Dyade*![2]

Nicht weniger wahr ist, dass innerhalb dieser *Dyade* auch Spannungen entstehen, die nicht selten unversöhnlich sind: der in

---

[1] Methodologisch begründete vorübergehende Trennungen der beiden Sphären werden oft vorgenommen und sind sogar willkommen. Gewöhnlich, ein Analytiker soll sich nur von der Vernunft leiten lassen und, auf anderer Seite, ein Künstler ist gut beraten sich von der Welt seiner Emotionen zu „ernähren" und inspirieren. Aber beim Versuch, eine Synthese zu artikulieren, halte ich die Trennung für einen Fehler!

[2] Der Begriff *Monade* ist hier nicht vollkommen im Sinne Leibnitz (*Monadologie* - 1714) zu verstehen; sondern nur als ein System, das in seinen Komponenten unauflöslich ist, eigene unverwechselbare Identität besitzt und autark ist. (Das Wort stammt von dem altgriechischen Wort μόνος/monos = einzig, alleine, solitär etc., wovon auch das Wort Monarch stammt) Der Begriff *Dyade* kommt von dem altgriechischen Wort δυάς (dyas) her, was Zweiheit bedeutet. Folglich ist hier unter *Dyade* ein System zu verstehen, das aus zwei unzertrennlichen Elementen (ggf. Subsysteme), die in deutlicher und permanenter Interdependenz agieren und reagieren, gebildet ist.

der Philosophie wohl bekannte und unlösbare Streit zwischen *Logos* und *Mythos*. Wobei der *Logos* auf die Idee und Vernunft gründet, während der *Mythos* eher auf die Emotionalität des Glaubens abzielt. Die Tatsache, dass dieser Antagonismus fast allgegenwärtig ist und immer innerhalb einer menschlichen Persönlichkeit stattfindet, kann kein Indiz für eine Koexistenz von zwei *Monaden* (etwa Geist und Seele, oder Vernunft und Emotionen) im menschlichen Komplex sein, sondern ist ein überzeugender Beweis für die Existenz einer *Dyade*, innerhalb welcher sehr dynamische, manchmal dramatische Prozesse passieren. Weder Geist noch Seele, weder Idee/Vernunft noch Emotion können in einer Synthese je voneinander getrennt werden! Sie sind eins: der Mensch!

In diesem Sinne habe ich in meinen Essays inmitten der analytischen Abhandlung – *per se* auf Vernunft gegründet (siehe emotionslos!) – Metapher, poetische Vergleiche und Formulierungen, die Emotionen hervorrufen, unerwartet und unkonventionell eingeführt. Mag sein, dass so eine „unorthodoxe" stilistische Abweichung einigen Leser gewöhnungsbedürftig oder sogar skurril erscheint – andere Leser akzeptieren und schätzen diese sogar. Aber der Hauptgrund worauf ich in meinen theoretischen Texten von den poetischen Einführungen nicht Abstand nehmen werde, sind meine oben skizzierten philosophischen Überzeugungen.

Jedoch mit dieser „stilistischen Marke" in meinen theoretischen Texten ist für mich das Thema der *Dyade* Idee-Emotionen bei weitem nicht ausgeschöpft. In meinem im Jahre 2005 geschriebenen Roman *Die schöne Insel* führe ich zwei achtbare Figuren ein: der gelehrte Horatio und sein Gegenpart Felix. Horatio ist ein Mensch der Vernunft, der sich fast jegliche Emotion verbietet, während Felix – mindestens ebenso hochgebildet, wie der erste! – eindeutig ein Mensch der Gefühle ist. Auch wenn die Beiden heftige Auseinandersetzungen haben, ist es immer Felix der, der gewinnt! Besonders vor dem Tod! Es ist hier fast überflüssig zu betonen, dass Horatio und Felix ein und dieselbe Person sind, dass die Beiden eine *Dyade* und nicht zwei *Monaden*(!) sind (auch wenn ich sie im Roman aus dramaturgischen Gründen künstlich getrennt habe).

Weitere fast zehn Jahre hat mich dieses Thema, mehr oder weniger unterschwellig, verfolgt.

Nach einem Herzversagen – lebensbedrohlich, aber mit Erfolg von den Ärzten behandelt – konnte ich länger als ein Jahr weder schreiben noch lesen; ich kann mir selbst diesen „Stopp" in meiner geistigen Aktivität nicht erklären! Als dieser zu Ende war, schrieb ich am Anfang sehr vorsichtig, stellenweise sogar unsicher (ich wollte mir beweisen, dass ich wieder schreiben konnte!). Zum Glück wurden die Texte immer tiefgreifender und, meines Erachtens nach, immer besser. Es war aber unverkennbar, dass viele Abschnitte und sogar einige Titel im Ganzen stark emotionell geprägt waren. Siehe: ich war wieder in den Fängen meines alten Themas – die *Dyade* Idee-Emotionen! Ich beschloss, die Essaysammlung *Wanderungen zwischen Ideen und Emotionen* zu nennen (das in Rumänisch geschriebene Buch erschien 2015 bei BoD unter dem Titel *Plimbări printre idei şi emoţii 2013-2014* und ist signiert mit Vladimir Brândus, meinem Pseudonym für Schriften in Rumänisch). Jedoch wünschte ich das Gleichgewicht Vernunft-Emotionen wieder herzustellen – diesmal zu Gunsten der Vernunft. Ich schrieb zwei Essays, die vielleicht meine besten sind: *Das Schweigen, die Ziffer Null und die Ruhe* und *Farbe und Sein*. Im Rahmen dieser beiden Schriften geschah eine von mir absolut instinktive, vom Unterbewusst verursachte Wendung: Das Thema *Dyade* Idee-Emotion kam wieder ans Licht und zwar in einem neuen Form und viel deutlicher als gewohnt.

In dem ersten Essay (*Das Schweigen, die Ziffer Null* ...) interpretiere ich die Ruhe als ein „Null-absolut", wohin man von dem „Lärm der Welt" flüchtet, um an die Essenzen gelangen zu können und sich an der Göttlichkeit zu nähern (*Tranquillitas animi* oder *Ataraxie* im Sinne Epikur). Es liegt in diesem Abschnitt ein versteckter Ansporn zur Entfernung von Phänomen und seiner Erkenntnis durch Vernunft(!) zu Gunsten einer Annäherung an die Sinnlichkeit, die einzige, die uns den *Ur-Klang der Welt und der Phänomene* zu hören ermöglicht.

In dem zweitem Essay (*Farbe und Sein*) nimmt die erwähnte Wendung eine noch deutlichere, sogar radikalere Form. Nach etlichen Seiten von rigorosen philosophischen, physikalischen und physiologisch/anatomischen Analysen von dem „Phänomen Farbe" (alle „trocken" genug!) folgt ein tiefgründiger essayistischer Teil. Gegen Ende dieses Teils unterbreche ich abrupt den Diskurs mit dem Satz: *Ich weiss nicht mehr, ich kann und vielleicht auch will ich nicht mehr, etwas zusätzlich über Farbe und Sein zu sagen. Höchstens könnte ich mich jetzt an einem Freund, einem guten, nahstehenden Freund im Geiste und Seele zuwenden:* ... Und am Ende der voll Zärtlichkeit und gefühlsbetonten „Rede" an diesen „Freund" sage ich ihm: *Vielleicht ... vielleicht wäre es besser gewesen, dich über dem Kopf zu streicheln ... anstatt dieses Essay geschrieben zu haben ...*

Einige meiner Leser zeigten sich enttäuscht. Noch radikalere, noch deutlichere Absage an die Theorie zu Gunsten der Emotion hätte nicht sein können! Der Versuch, ein Gleichgewicht zwischen Vernunft und Emotion herzustellen, ist fehlgeschlagen! Felix von der *Schönen Insel* hat wieder gewonnen! Ob ich dabei etwas verloren oder gewonnen habe, wird nur die Zukunft zeigen. Vorerst gefiel mir diese Wendung sehr ... aber, wie man weiß, nichts ist für die Ewigkeit ...

Um diese für mich extrem wichtige Wendung nochmals zu betonen und zu vervollständigen, habe ich mir bewusst ein stilistisches Sakrileg erlaubt: Ich schloss das Essaybuch mit einer „Aussprache" zu einem kleinen, schutzlosen Lebewesen ab. Ich wählte ein Haustier d. h. einen kleinen Kater, obwohl es irgendein anderes Wesen hätte sein können. Den imaginären Kater (leider habe ich kein Haustier) habe ich *Krällchen* genannt.

In diesem letzten Text des Buches, betitelt *Krällchen* – ein Text der nicht mehr als Essay eingestuft werden kann – versuche ich in deutlich „poetischem Schlüssel" alle Emotionen, seelischen Zustände und Gedanken, die ein Mensch in inniger Verbindung mit einem geliebten Tier erleben kann, darzustellen. Deswegen habe ich dieser Schrift den Untertitel *Ein Text aus dem Reich der Emotionen* gegeben. Es sind die Freude und Heiterkeit, die das Tier dem Menschen schenkt, aber auch die Sorgen und Ängste um das Wohl des schutzlosen Wesens. Es sind auch Spiele-Träume, die der Mensch, in der Beziehung mit dem Tier oft wieder kindisch geworden(!), anstiftet; es sind aber auch Gewissensbisse, die einen Menschen plagen, etwas nicht artgerecht seinem „Freund" angetan zu haben.

Ferner wird Krällchen beauftragt, allen Tieren, klein und groß, kundzutun, in ihren Beziehungen zu den Menschen sehr vorsichtig zu sein, denn nicht alle antworten mit Liebe, wenn ihnen Liebe und Anhänglichkeit gutgläubig gezeigt wird, wie es die Tiere machen. Es wird Krällchen beigebracht, dass Menschen hysterisiert werden können, wie einst ein kluger Mann (Helmut Schmidt!) sagte. Wenn das Thema dieser Hysterie die Gier ist – wie es so oft der Fall ist! – und diese einen saftigen Gewinn in Opferung der Tiere wittert, dann soll Krällchen alle warnen: Tiere haben keine Chance mehr!

Doch es gibt auch einen Trost: Ich versprach Krällchen, dass, wenn ich dorthin gehen werde, woher niemand zurückkommt, werde ich mit dem lieben Gott vereinbaren, einen Stern, einen einzigen von den Milliarden, die das magische Firmament erleuchten, allen Tieren, klein und groß, zu schenken. Dort, auf dem Wunderstern, werden sie nur nach ihren Gesetzen, nach ihren Kräften, Willen und Sitten leben – Hauptsache ohne Menschen! Das wird ihnen helfen! Besonders in schweren, qualvollen Stunden der Angst vor den Menschen und der Panik vor dem Tod in den apokalyptischen Schlachthöfen, wird ein Blick zu dem strahlenden Stern bestimmt eine Hilfe sein.

„...*Hauptsache ohne Menschen* ..." steht oben. Das ist ein schwerwiegender Satz! Der Leser wird gebeten, diese Aussage nur in dem Kontext in welcher sie gefallen ist, zu interpretieren und nicht etwa, dass die Wendung, die ich oben erklärt habe, eine Abwendung auch von den Menschen sei. Die Wendung, die das Thema dieses Vorworts ist, bedeutet nur eine von der Idee/Vernunft zu den Emotionen – das und nichts mehr! Es darf doch klar sein, dass die Wendung, so verstanden, immer innerhalb der menschlichen Persönlichkeit passiert. Folglich jeder Kommentar, Vertiefung und Analyse dieses Phänomens wird nur für und nicht gegen den Mensch unternommen.

In einer Welt, wie in unserer modernen, sehr modernen Welt, in der der Begriff Kraft immer seltener mit Kraft der Ideen, der Emotionen oder des Glaubens assoziiert wird und immer öfter als Schlagkraft, Durchsetzungskraft, oft mit physischen Mittel (Fäuste, Stöcke, Fußtritte bis zur Verstümmelung des Opfers), aber auch akustischen Mitteln (sehr laute Stimme, Motoren und auch Musik) gedeutet wird, in so einer Welt, in der die Emotionen durch Adrenalin Kicks, und der Glaube durch zwielichtigen Chaträume oder Fanatismus jeder Couleur ersetzt werden, ist dem Denker das Schweigen verboten. Seine Stimme wird zur Pflicht!

Nicht nur die Denker, sondern auch jeder, der ein Freund des Fortschritts der Gesellschaft und ihrer positiven Entwicklung ist, sollte gegen jeglichen korrosiven Agent, der den zivilisatorischen Prozess bedroht, in Stellung gehen. Diese „Baustelle" – ich nenne sie gern „Baustelle der Zivilisation" – ist leider sehr groß, viel größer als uns lieb ist. Eine der vielen nötigen Vorhaben dieser Baustelle, ist die Beleidigung und Erniedrigung durch Respekt zu ersetzen, der Arroganz die kluge Bescheidenheit entgegen zu setzen, von der Boshaftigkeit zur Liebe zu wechseln, die egoistische Gleichgültigkeit in Verständnis und Einfühlungsvermögen zu verwandeln, anstatt Ruppigkeit, Zärtlichkeit und Eleganz zu zeigen, kurzum: Die Schläge jeder Art in Hilfe umzuwandeln! Sonst wird von der ehrenwerten Idee der Zivilisation nur eine „Hightech Barbarei" übrig bleiben. Denn die Zivilisation lässt sich nicht mittels Anzahl der Computer oder des Niveaus der Digitalisierung und Automatisierung der Gesellschaft feststellen, umso weniger messen.

Um gerade die oben erwähnten Desiderate erfüllen zu können, ist eine Aufwertung der so oft verdrängten Emotionalität und Sensibilität der menschlichen Seele notwendig. Denn solche Eigenschaften können leider nur selten bloß durch Vernunft, wie es Immanuel Kant empfahl, angeeignet werden. Die Neubewertung der Emotionalität und der Sensibilität, d. h. deren Anregung, ist eigentlich mein Dauerthema der Herstellung bzw. Wiederherstellung des Gleichgewichts innerhalb der *Dyade* Idee/Vernunft und Emotionen.

Dieses Gleichgewicht zu suchen, scheint mir ein Imperativ zu sein, denn dies ist nötiger denn je und auch sehr willkommen. Das Gleichgewicht zu finden aber, ist ein sehr delikates und schwieriges Unternehmen – wer könnte präzise sagen, wo der magische Idealpunkt ist? Trotzdem muss versucht werden, das Gleichgewicht zwischen Idee und Emotion zu finden, auch wenn dem einen oder anderen, bei der Verteilung der Akzenten „die Hand rutscht" und eines der beiden Extreme favorisiert – so wie es mir in den hier besprochenen Texten möglicherweise passierte.

Die Sache von dieser Perspektive betrachtet, ist die Wendung, die ich erwähnt habe, nicht nur für mich sehr wichtig, sondern könnte auch auf der großen „Baustelle der Zivilisation" einen bescheidenen Ziegelstein bedeuten.

Darum habe ich beschlossen, die letzten drei Schriften des ursprünglichen Buches aus dem Rumänischen zu übersetzen und den deutschsprachigen Leser unter dem Titel *Eine Wendung - von der Vernunft zu Emotionen* anzubieten.

Th. Brandsdörfer

Das Schweigen, die Ziffer Null und die Ruhe

I - DAS SCHWEIGEN

Das Schweigen ist der Punkt Null der Kommunikation zwischen Menschen. Es verbietet dem Wort, von dem Geist des einen an den des anderen anzuklopfen und dorthin zu durchdringen. Das Schweigen entsteht unter drei möglichen Umständen: Es kann die *Ablehnung* von vornherein jeglicher Kommunikation sein, die plötzliche *Unterbrechung* dieser oder das *Ende* der Kommunikation. „Das Schweigen schmeckt nach Tod" sage ich am Ende des Kapitels II in meinem Roman *Die schöne Insel*. Für wen schmeckt das Schweigen nach Tod? Für den, der die Kommunikation ablehnt oder plötzlich schweigt, oder für den, dem das Schweigen „serviert" wird, als dieser noch etwas hören wollte? Zweifelsohne ist die Antwort: für beide. Der, der die Kommunikation ablehnt oder unerwartet schweigt, indem er diese unterbricht, verabreicht eine kleine Dosis Tod dem, der von ihm gerne etwas hören oder weiter noch hören möchte. So ist der letztere genötigt den Gifttropf des Schweigens zu schlucken und er bleibt einsam mit dem Gesagten oder mit dem noch nicht Gesagten. Das menschliche Wesen, genetisch verurteilt ein soziales zu sein, ist per Definition auch ein kommunikatives Wesen. Der Mensch benötigt Kommunikation, er ist sogar abhängig von dieser. Es ist normal dass, als die Kommunikation unterbrochen, und umso mehr abgelehnt wird, sowohl in der Seele desjenigen, der kommuniziert hat oder hätte kommunizieren wollen, als auch in der Seele desjenigen, der die Kommunikation schon empfangen oder nur gewünscht hat, aber sie wurde ihm abgelehnt – in beider Seelen also – ein Gefühl von Leere und Einsamkeit entsteht, das „nach Tod schmeckt". Denn der Punkt Null der Kommunikation zwischen Menschen kann existentiellen Schwindel verursachen – er ist immer mit der Unsicherheit gepaart! Die Kommunikation stirbt in und durch das Schweigen.

Die Ablehnung und auch die abrupte Unterbrechung der Kommunikation sind für den „anderen" eine Erniedrigung, während ihr „normales" Ende nur ein „kleiner Abschied" oder „kleines Adieu" bedeutet. Wahrscheinlich ist gerade deswegen in der menschlichen Sensibilität tief eingeprägt, dass, wenn ein Kommunikationsakt beendet ist – sei es ein Brief, eine Rede, ein telefonisches oder „live" Gespräch – einige angenehme, freundliche Worte hinzugefügt werden. Die Ausdrücke „auf *Wieder*hören" oder „auf *Wieder*sehen" erfüllen auch diese Funktion. Es ist einfach human und zivilisiert das Schweigen nicht abrupt und unpersönlich einzufügen – denn Schweigen ist kalt ... sehr kalt ...

Aber diese paar Gedanken über das Schweigen haben nur eine eingeschränkte Gültigkeit und zwar nur im Rahmen der Kommunikation zwischen Menschen in dem traditionellen Sinn, also durch die Sprache. In Wirklichkeit ist die Welt des Schweigens viel reicher an Bedeutungen und Möglichkeiten als zuvor zu lesen war.

Das Schweigen spricht! Auch wenn diese Idee merkwürdig scheinen mag, wahr ist, dass das Schweigen viel mehr ausdrücken kann, als manchmal die Wörter es können. Dazu kann das Schweigen eine andere „Sprache" ermöglichen und sogar potenzieren, die oft viel effizienter und erweiterter ist als die, die mit Worten operiert. In den folgenden Seiten werden wir versuchen zu zeigen, wie und warum der Werterapport zwischen *Sprechen* und *Schweigen*, im Vergleich mit der Skizze zuvor, sich ändert und sogar umkehrt. Mittels eines kleinen Abstechers im Bereich der Geschichte der Mathematik werden wir dann diese These begründen und zugleich zeigen, dass der sogenannte *Punkt Null der Kommunikation* ganz andere Bedeutungen hat.

Zuerst muss erwähnt werden, dass die Ablehnung oder die plötzliche Unterbrechung einer Kommunikation schon eine *Signifikanz* hat; was noch nicht einen gewissen *Wert* des Schweigens bedeutet, sondern, ganz einfach, eine Intention des Sprechers ist. Danach muss auch unterstrichen werden, dass in einer kommunikationellen Sequenz mit gesprochenen Worten, die Einführung einer kurzen Pause oft auch die Funktion den emotionellen und auch den semantischen Wert der Wörter zu potenzieren/betonen hat. Aber auch hier kann noch nicht die Rede von einem *Wert* des Schweigens sein. Vielmehr ist es nur ein Effekt von diesem, den die begabten Redner und Schauspieler mit viel Effizienz anwenden. In solchen Fällen übt das Schweigen schon eine *operative Funktion* auf die Wörter aus.

Die wahren Potenzialwerte des Schweigens bekommen die Chance zu agieren nur wenn das Wort seine Limits erreicht.

Es ist nicht zu bestreiten, dass das Wort, dieses Grundelement der traditionellen menschlichen Kommunikation, eine *Konvention*[3] ist. Als Konvention hat das Wort implizit etwas Künstliches in seinem Wesen. An sich und für sich genommen (einzeln und isoliert), ist das Wort immer *denotativ*, es bezieht sich *univok*, einstimmig auf das, was es bezeichnet, aber ohne jegliche Nuancen oder Details. Ein Wort alleine sagt nicht allzu viel. Alles funktioniert sehr gut, aber nur im Rahmen eines einfachen Telegrammtextes. Sobald kompliziertere seelische Zustände, Nuancen oder unterschwellige Bedeutungen durch Wörter vermittelt werden müssen, ist es absolut nötig, dass diese Wörter durch *Konnotationen* bereichert werden. Ein Wort kann diese assoziativen Bedeutungen (Konnotationen) unter zwei Umständen generieren: Entweder mit anderen Wörtern gepaart (in einem Text sagte ich

---

[3] Das Wort kommt von dem Lateinischem *veniō,-is, vēni, ventum* = kommen, das mit dem Partikel *con* (=mit/zusammen) das Wort *conventio,-onis*= Zusammenkunft bildet. Die Lateinspezialisten Ernout und Meillet (*Dictionnaire étymologique de la langue latine*) zeigen, dass *conventio* neben dem ursprünglichen Sinn, Zusammenkunft, auch einen moralischen bekommt: im Rahmen dieser Zusammenkunft der Menschen, ein Abkommen, eine Vereinbarung/Abmachung zu treffen – eben eine Konvention.

„Die Wörter verlangen Wörter"), oder von einem guten Schauspieler mit der entsprechenden Stimmung und Intention gesprochen; sonst bleibt das Wort eine mehr oder weniger tote, vom wahren Leben entleerte Konvention. Es ist wahr, dass auch im Alltag diejenigen, die sich durch Wörter ausdrücken, besonders wenn sie seelische Zustände oder komplexere Erlebnisse zum Ausdruck bringen wollen, liegen den Wörtern (Hilfs-)Wörter bei, oder anders gesagt: paaren Wörter – wie die begabten Schriftsteller das machen; dazu betonen sie die Wörter mit Gestik, passenden Tönen und auch Blicken – wie die talentierten Schauspieler das machen. In dieser Weise geht instinktiv jeder Mensch mit mehr oder weniger Effizienz vor, gerade um den Wörtern zu helfen, sich durch weitere und tiefere Konnotationen, Nuancen und Bedeutungen zu bereichern.

Was die Emotionalität betrifft, ist das menschliche Leben extrem kompliziert und nuanciert. Wenn davon die Rede ist, tiefe und sehr intensive seelische Zustände auszudrücken oder zu beschreiben, zeigen die Wörter, die man verwenden würde, unabwendbar ihre Limits. Ihr potenzielles „Reservoir" von Konnotationen erschöpft sich, die Sprache fällt in Ohnmacht. Es waren sehr wenige Schriftsteller, die so gut die Wörter anzupassen wussten, dass diese einen effizienten Ausdruck der großen emotionellen Erlebnisse bilden konnten. Aber auch diejenigen Schriftsteller, denen ein solcher Meisterakt gelungen ist, wie zum Beispiel Fjodor Dostojewskij, sollen sich nur mit der *Suggestion* der großen und komplexen Erlebnisse in ihren Werken zufrieden geben, und nicht an eine hundertprozentige Übertragung dieser glauben. Dieser Umstand ist von der Tatsache verursacht, dass die Rezeption eines Kunstwerkes immer ein *subjektiver Akt* ist, und noch dazu, dass das Wort nur ein *semantischer Keim* ist. Das Wort ist ein mehr oder weniger toter, ein mehr oder weniger trockener Samen. Das Wort ist ein Samen, der vorher im Geiste des Schriftstellers eine lebendige Blume war, die im Geiste des Lesers ähnlich, aber ein wenig anders(!), wieder aufblühen wird. Die (geschriebenen)Wörter sind der Winter der Emotionen, deren Winterschlaf, während das Lesen und Verstehen deren Frühling ist. Der Schriftsteller schließt seine Emotionen im Wörter-Winter ein. Dort warten die Emotionen geduldig auf ihr Wiedererwachen in dem Lektüre-Frühling. Das Schreiben konserviert, das Lesen gebärt! Das Wort verurteilt zur Untreue ... es ist wahr: eine kreative Untreue[4]. Im Sinne dieser Ideen können wir wohl sagen, dass das Leben als solches weniger *Sprache* als *Erleben* ist – es kann in viel kleinerem Ausmaß *besprochen*, als *erlebt* werden. Die Worte können einen Lebensmoment *bezeichnen*, aber nicht *entfalten*.

Der Fall der Sprache in Ohnmächtigkeit ermöglicht die Entstehung der großen Rolle und der wichtigsten Bedeutungen des Schweigens. Wenn die Worte verstummen, wird das Schweigen zum Entfaltungsraum, zum Nährboden einer anderen, konventionslosen Sprache, die ein „Wörterthesaurus" hat, der zur Unendlichkeit tendiert. Diese Sprache ist die, der richtig lebendigen und wahren Blicke, Gesten, körperlichen Haltungen und konkreten Taten. Das Schweigen, ehemaliger Punkt Null der Kommunikation oder Helfer des verbalen Ausdrucks, wird so zum obersten *Meister der Sprache des Lebens*. Das einzige Medium dieser Sprache, und auch ihr Erzeuger, ist das Schweigen, die Abwesenheit der Wörter. Als Ausdrucksform kennt diese Sprache keine ethno-geographischen Grenzen und kann nie etwas Gemeinsames mit dem, was man Übersetzen nennt, haben. Sie ist unübersetzbar, denn sie eine universal-humane Sprache ist, die

---

[4] Was hier poetisch-metaphorisch angedeutet wurde, findet seine philosophische Begründung in Edmund Husserls *Logische Untersuchungen* II/1-*Ausdruck und Bedeutung* §1-5 und folgenden, als auch in dem Essay *Der Fluch des Zeichnes* (Blestemul desenului) von meinem Buch *Essays, vom Autor auch Stiefmütterchen genannt*, Clusium Verlag, Klausenburg (Rumänien), 2006.

sehr der Musik ähnelt und gar nicht dem Wort. Aber diese umfassende Sprache der Blicke, der Gesten, Körperhaltungen und konkreten Taten ist sogar noch freier als die Musik: Sie hört von keinen mathematischen Gesetzen der Tonalitat und auch nicht von denen der Harmonie, wie es der Fall bei der Musik ist. Ihr einziges Gesetz ist das Leben selbst, dessen Zeichnung nur diese Sprache vollkommen zeichnen kann und zwar besser als jeder Meister, der auf dieser Welt geboren wurde und jemals geboren wird.

Namhafte Theater- oder Filmschöpfer, Regisseure und vor allem Schauspieler, haben wohl die Wichtigkeit und die verblüffend weite Ausdrucksmöglichkeit der Sprache von dem Reich des Schweigens verstanden und angewendet. So sind in dieser Technik wahre künstlerische Monumente entstanden. Von den vielen, die nennenswert sind, erinnern wir zum Beispiel an die Figur der Witwe in dem Film *Alexis Sorbas*. Die hochbegabte Schauspielerin Irene Papas kreiert eindrucksvoll diese Figur ohne ein einziges Wort zu sagen, nur schweigend. In dem unvergesslichen Film *Das Lied der Straße* (*La strada*) hat Frederico Fellini die Wichtigkeit des in und durch das Schweigen entstandenen Ausdruck, jenseits der Wörter, perfekt verstanden und geschätzt – wenn er das nicht verstanden hätte, dann wer? – und schuf mit der nicht minder begabten Schauspielerin Giulietta Masina die Figur von Gelsomina. Der Regisseur zeigte auffallend oft wie diese Figur ohne Worte dem folgt, was ihr Partner, Anthony Quinn, sagt. Tausend Stimmungen der feinsten Nuancierung sind dort zu sehen! Unbedingt erwähnenswert ist auch das Ende dieses Films, als Fellini Quinn die höchste Aufgabe gibt, ohne ein einziges gesprochenes Wort ein überwältigendes Drama zu übermitteln, das keinen Zuschauer kalt lassen kann. Ich glaube nicht, dass es Wörter gibt, auch genial zusammen angepasste(!), um das ganze Universum solcher Momente übertragen/übersetzen zu können!

Auch Menschen die im Alltag sehr starke Emotionen erleben, verzichten oft auf Worte und bevorzugen das Schweigen, in dessen Reich wahre Welten von Gesten, Blicken und sogar Taten von wichtiger Bedeutung sich entfalten. Es ist bekannt, die Verliebten schweigen oft sehr lange und dabei flechten sie nur durch Blicke, sich zulächelnd, kleinen Gesten und Zeichen einen ganzen „Dialog" zusammen, den niemand von draußen je verstehen würde – ein ganzer Roman gegenseitiger Faszination! Man könnte sagen: „Die haben keine Worte mehr!", ihre Liebe passt nicht mehr in Worte. Um bei den Verliebten noch ein wenig zu bleiben, ist daran zu erinnern, dass der *Liebesbeweis* immer durch Taten ausgedrückt, wichtiger und überzeugender ist, als die sympathische *Liebeserklärung*, die nur durch Worte zum Ausdruck kommt. Die Flucht von der Sprachkommunikation in das Schweigen, die, die Sprache der Blicke, Gesten und Taten ermöglicht und ernährt, ist nicht nur für die Verliebten spezifisch, wie oben gezeigt, sondern für alle Situationen, in denen die Emotion, das Erlebnis, extrem stark sind; wohl gemerkt: unabhängig von dem Ursprung oder der moralischen Qualität, die diese Emotion hat. (Zum Beispiel: die wahre Missachtung, Abneigung oder der wahre Hass für jemanden, werden weniger *gesprochen*, sondern vielmehr durch Gesten und Blicke *gezeigt*, und auch die Morde *spricht* man nicht, sondern, leider, man *tut* sie!).

Konklusionen:

1. Als Ablehnung oder abrupte Unterbrechung der verbalen Kommunikation verstanden, hat das Schweigen nur gewisse psychologische *Bedeutungen*. Folglich hat das Schweigen aus dieser Perspektive gesehen, *keinen Inhalt* und *keinen intrinsischen, von innen kommenden Wert*.

2. In der kommunikationellen Kette als Pause eingeführt, *potenziert* das Schweigen die Wörter und so bekommt es auch eine *operative Funktion*. Dabei bleibt jedoch das Schweigen *ohne jeglichen Inhalt oder intrinsischen Wert*.

3. Wenn die verbale Kommunikation nicht mehr ihre Aufgabe erledigen kann, wird das Schweigen zur *unabdingbaren Bedingung* für die Entstehung und Entfaltung anderer Sprachen/Kommunikationsmittel. In diesem Fall könnte schon von einem gewissen *potentiell-generativen Wert* des Schweigens die Rede sein, aber immer noch nicht von der Existenz eines Inhalts und eines intrinsischen Werts.

Ohne einen *immanenten Inhalt* und ohne einen *intrinsischen Wert*, kann das Schweigen nur ein *Punkt Null* sein. Aber diese Behauptung hilft nicht zur Aufhellung unseres Themas! Die Gedanken würden in Unsinn festfahren, wenn wir uns jetzt nicht auf das Wesen des Begriffes „Null" konzentrieren. Es ist also der Moment gekommen, unsere schon angekündigten kleinen Abstecher im Bereich der Geschichte der Mathematik vorzunehmen[5]. Wir sagen schon im Voraus, dass die Entwicklung des Verstehens der Ziffer Null sehr ähnlich mit der Semantik des Schweigens ist.

***

II - DIE ZIFFER NULL

II-A DIE „MATHEMATISCHE" NULL

Das menschliche Wesen in einem materiellen, konkreten, also auch messbarem Medium lebend, hat schon in Urzeiten das Bedürfnis auch die Nichtexistenz, die Abwesenheit einer Quanti-

---

[5] Die folgenden Referenzen gründen hauptsächlich auf der Arbeit von Georges Ifrah, *Histoire universelle des chiffres*, France loisirs Verlag, 1995. Zu empfehlen ist auch das Buch des amerikanischen Mathematikers, Philosoph und Sanskrit-Professors Robert Kaplan *Die Geschichte der Null*, Campus Verlag, Frankfurt/M, 2000.

tät zu beschreiben. Mit anderen Worten ausgedrückt: die *Leere*, das *Nichts* zu nennen und zu signalisieren. Es scheint, dass dieser Begriff zuerst in astronomischen Berechnungen nötig wurde. So begann ein faszinierendes und sehr lang andauerndes erkenntnistheoretisches Abenteuer des von uns heute „Null" oder „Zero" genannten Begriffs und seinem mathematischen Zeichen „0". Wie lange diese „Epopöe" des Kennens und Verstehens dauerte, ist schwer zu sagen, denn die Meinungen der Mathematikhistoriker gehen ziemlich auseinander. Allerdings kann von einer Dauer zwischen 4500 vor Christus bis zu dem Jahr 1202 nach Christus die Rede sein – ungefähr 5500 Jahre! Ein erstaunliches Zeitsegment!

Die Mehrheit der Historiker ist der Meinung, dass ein Begriff für *Leere* und *Nichts* in der precolumbianischen Zivilisation Maya zum ersten Mal erfunden (oder intuiert!) wurde. Dort haben sich die Gelehrten eine Art primitive Null vorgestellt und als Ausgangpunkt für die bessere Darstellung des damals gültigen numerischen Systems auf Basis von 20 angewendet. Was wir heute durch „Null" verstehen, wurde in Mayas Wissenschaft ähnlich einer Schnecke (siehe eine sich nach oben entwickelnde Spirale) dargestellt. Dieser folgten die Ziffern von 1 bis 4 als Punkte markiert. Die Ziffer 5 wurde durch eine kurze Linie repräsentiert und für die Nummer 6 wurde über die Linie (fünf) wieder ein Punkt gesetzt usw. Die Mitte der Schnecke (Ausganspunkt) bedeutete *Nichts*, *Leere* und hatte keinen Wert.

Die Babylonier benutzten schon in archaischen Zeiten (zwischen 1800 und 1500 vor Christus) ein sexagesimales System zum Zählen, d. h. auf der Basis von der Ziffer 60. (zum Beispiel: die heutige Zahl 123 wurde 2x60+3 geschrieben, oder die uns bekannte 2,05 wurde 2+(3:60) ausgedrückt). Um Ungenauigkeiten in den Berechnungen zu meiden, fügten die Mathematiker aus Babylon in ihren Ausdrücken für das, was wir heute Null nennen, einen kleinen freien Raum hinzu. Erst ab dem Jahr 200 vor Christus wurde dieser kleine Raum (siehe Null) auch *nach* einer Zahl eingesetzt. Mit dieser Methode bekam die archaische Null (kleiner freier Raum) eine ähnliche *Funktion* der heutigen Null, indem er *potenzierte* die Ziffer, die vor ihm stand. Jedoch eine „Null", wie wir sie kennen, war den Babyloniern unbekannt. Es bleibt uns nur zu notieren, dass das sexagesimale System im Prinzip bis zu unseren Tagen erhalten blieb. Es ist von der Zeitmessung die Rede: eine Stunde = 60 Minuten, eine Minute = 60 Sekunden.

Aber der wichtigste Qualitätssprung in der Fortentwicklung des Verstehens des von uns heute bekannten Begriffs „Null", wurde von den indischen Mathematikern, Astronomen und Philosophen gemacht. Den philosophischen Teil lassen wir vorübergehend bei Seite, denn er hat eine absolut spezielle Bedeutung, die uns später beschäftigen wird. Mathematisch ist von großer Wichtigkeit die Tatsache, dass die Inder (vielleicht von dem babylonischen sexagesimalen System beeinflusst, wie einige Wissenschaftler behaupten!) zwischen den Jahren 300 vor Christus und dem 7. Jahrhundert nach Christus das *Dezimalsystem* erfunden und perfektioniert haben – ein System, das auch heute gilt! Der indische Astronom Brahmagupta hat im Jahr 628 sogar einen Katalog veröffentlicht, in dem Regeln zum Gebrauch von dem, was wir heute Null nennen und für die Verwendung der Negativzahlen formuliert sind. Dieses Buch trägt den Titel *Der Beginn des Universums* und dies ist der erste Text in der Geschichte, in welchem die Null wie eine Ziffer betrachtet wird. In dem von Indern perfektionierten Dezimalsystem, von der Ziffer 0 und 1 bis 9 gebildet, spielt die Null eine besondere Rolle und zwar in zweierlei Hinsicht: **I-** Es wird mit Klarheit festgelegt, dass die Null, hinter einer Ziffer gesetzt, *potenziert* diese mit der dezimalen Basis 10 (z. B. Null gesetzt hinter 1 bedeutet 10 mal mehr als 1, also 10; wiederum hinter 10 gesetzt, bedeutet 10 mal mehr als 10, also 100 usw.). Dieses System praktizierten im Prinzip auch die Babylonier. **II-** Im Rahmen der Subtraktion kann die Null *Nega-*

tivwerte erzeugen und beschreiben (z. B. 0-1=-1, also der Negativwert der 1). Diese Funktion der Null ist die wichtigste Errungenschaft des indischen Dezimalsystems und veranlasste den Mathematiker Georges Ifrah die Null als *fundamentalstes Element der abstrakten Mathematik* zu nennen (siehe Fußnote 5). Von den in Sanskrit existierenden 17 Begriffen, die für das heutige Wort Null galten, benutzten die Inder gerade für diese Funktion die Vokabel *śūnya*, die *Leere, Nichts* bedeutete. Ifrah nennt *śūnya* (Null) einen *arithmetischen Operator*.

Um die mathematische Geschichte der Ziffer Null nicht allzu sehr in die Länge zu ziehen, erinnere ich noch kurz, dass die Arabischen Zivilisationen von den Inder das Dezimalsystem übernommen haben und zeigten dabei ein ganz spezielles Interesse für die Idee des Nicht-Seins, was die Inder *śūnya* nannten. Die Araber waren auch diejenigen, die *śūnya* „zeroh" nannten, woher das Wort *Zero* stammt. Die arabischen Mathematiker haben auch die Zahlen „*sifr*" genannt, woher das Wort *Ziffer* kommt. Über einen wichtigen philosophischen Beitrag der Gelehrten aus Arabien, was das Verstehen der Ziffer Null betrifft, werden wir später im Text erinnern.

Der erste Schritt den „die indischen Ziffern" und das Dezimalsystem in Richtung Europa unternahmen, passierte in 7. Jahrhundert in der Universität von Konstantinopel. Dort präsentierte und erklärte der syrische Bischoff Severus Sebokht zum ersten Mal dieses System. Später machte der arabische Mathematiker Al Chawarizmi (in dessen Name das Wort Algorithmus steckt!) durch sein Buch *De numero indiorum*, (ca. 825) das Dezimalsystem richtig bekannt.

Doch erst nach dem Jahr 1200 kommen die Null und das indische Dezimalsystem weiter in den Westen Europas. Diese sind in das europäische „Gedankengut" nicht von dem Papst Silvester II eingeführt, wie fälschlicher Weise oft behauptet wird, sondern von dem bekanten italienischen Mathematiker Leonardo Fibonacci. Dieser Gelehrte hat während eines langen Aufenthalts in Algerien den Mathematiker Abū Kāmils und seine Algebra kennen- und schätzen gelernt. In seinem im Jahre 1202 erschienenen Buch *Liber abaci* beschreibt und empfiehlt Fibonacci das Dezimalsystem. Ein indischer Export nach Europa, via arabische Welt!

Um die heutige mathematische Bedeutung zu erreichen, brauchte der Begriff Null noch vierhundert Jahre bis in das 17. Jahrhundert. Aber auch nach diesem Zeitpunkt, im Laufe von noch dreihundert Jahren bis jetzt, die Bedeutungen, der Anwendungsbereich und die operativen Valenzen der Null wachsen, vertiefen, verfeinern sich fortwährend und ermöglichen erstaunliche wissenschaftliche und technische Fortschritte. Die Liste dieser Errungenschaften ist äußerst lang, schwer zu verstehen für die Leser, die keine gründliche mathematische Ausbildung haben. Deshalb werde ich hier sehr flüchtig nur einige Mathematiker von großer Klasse erwähnen, die das, was sie so glanzvoll gemacht haben, nicht hätten machen können, wenn die Ziffer Null, so wie die damaligen Inder diese perfektioniert haben, nicht existieren würde[6].

Zu Beginn erwähne ich den berühmten deutschen Mathematiker, Physiker, Astronom und Spezialist in Geodäsie Carl Friedrich Gauß (1777-1855). Neben einer beachtlichen Liste von

---

[6] Für einen Kenner der Mathematik erscheint diese Aufzählung mit Sicherheit empörend inkomplett. Mindestens Namen wie Leonhard Euler, Bernhard Riemann, Georg Cantor, Bertrand Russel, Hermann Graßmann oder Henri Pointcaré hätten erwähnt werden müssen. Trotzdem habe ich das nicht gemacht, um das Essay nicht mit Begriffen und Problematik, die für nicht Professionelle der Mathematik unverständlich sind, zu sehr zu beladen. Wichtig ist die Tatsache, dass *alle*, die im Bereich der Hochmathematik arbeiten, unweigerlich die Ziffer Null benutzen, so wie die Inder am Anfang sie verstanden haben.

entscheidenden wissenschaftlichen Beiträgen – 404 Schriften in Bereichen wie Zahlentheorie, Mathematische Analyse, Statistik, Astronomie, Magnetismus, Algebra etc. – gründet Gauß die *nichteuklidische Geometrie*, die als „die wahre Geometrie des Raums" anerkannt ist. Er arbeitete bei dieser bahnbrechenden Theorie fast gleichzeitig mit anderen zwei brillanten Wissenschaftlern des 19. Jahrhunderts: der Russe Nikolai Lobatschewski und János Bolyai aus Klausenburg (Siebenbürgen/Rumänien)[7]. Auch wenn die Geschichte Gauß als Erfinder der nichteuklidischen Geometrie anerkennt, sind die Verdienste der anderen zwei Forscher nicht zu unterschätzen. Wichtig ist es daran zu erinnern, dass die nichteuklidische Geometrie hauptsächlich die gekrümmten Räume beschreibt und analysiert, die wie es heute bekannt ist, in dem interplanetaren Raum vorkommen. Ohne das Verstehen dieser Theorie, wären die moderne Astronomie und die Raumfahrt unmöglich! …und ohne die Ziffer Null wären die Kalküle dieser wunderbaren Gelehrten auch unmöglich!

Ein anderer Mathematiker, der zur Erweiterung der Bedeutungen und vor allem der operativen Möglichkeiten der Ziffer Null entschieden beigetragen hat, ist der Engländer George Boole (1815-1864). Er hat im Jahr 1847 eine neue Algebra kreiert, die später *Boolesche Algebra* genannt wurde. Dieser neue Typ von Algebra ist in den Bereich der mathematischen Logik eindeutig einzustufen. Die Theorien von Boole (Logikkalkül) wurden von Mathematikern wie Ernst Schröder, Giuseppe Peano, Arend Heyring, Marshal Harvey Stone und andere ständig perfektioniert und erweitert, so dass der Wissenschaft heute mehrere Typen von boolesche Algebra zur Verfügung stehen. Die wichtigste von diesen ist aber die *Zweielementige boolesche Algebra*. Diese grün-

---

[7] János Bolyai (1802-1860) war der Sohn von Farkas Wolfgang Bolyai, der mit Gauß noch während deren Studienzeit in Göttingen eng befreundet war. Sowohl Vater als auch Sohn Bolyai studierten zuerst bei der Universität von Klausenburg (Cluj-Napoca), die heute Bolyai heißt.

det, so wie der Name sagt, auf zwei Elementen: 1 für „WAHR" und 0 für „FALSCH". Hinzu kommen auch Verknüpfungen, die durch folgende Symbole ausgedrückt werden: ∧ für „UND", ∨ für „ODER" und ¬ für „NICHT". Durch diese zwei letzten Sätze haben wir, auch wenn sehr einfach und oberflächlich, die methodologische Basis der Funktion jeder Computer dieser Welt ausgedrückt!

Aber die Geschichte der Null endet nicht hier – sie geht weiter! Der Amerikaner Claude Elwood Shannon (1916-2001), Mathematiker und Elektrotechniker, legte im Jahr 1937 die Basis für eine *Informationstheorie* und verfeinerte diese Schritt für Schritt bis 1948 und darüber hinaus. In dieser Theorie spielt die Null, neben der Ziffer 1, die Hauptrolle. Bevor wir noch einige Wörter über diese extrem wichtige Theorie sagen, halte ich es für notwendig, einige Aspekte ihrer Vorgeschichte zu erwähnen. Schon im Jahr 1605 gelang Francis Bacon alle Buchstaben des Alphabets mit nur zwei Zahlen zu kodieren. Das System wurde, logischerweise, *Binärsystem* genannt. Dabei könnte statt Zahlen jedes beliebige Element benutzt werden, das nur zwei mögliche Zustände haben kann (z. B. eine Fackel, weil diese nur lodern oder nicht lodern kann). Eigentlich ist das der technische Kern der Informationstheorie und aller Informations-Systeme! Wenig später beschrieb Leibniz ausführlich das System in seiner Abhandlung *Explication de l'Arithmétique binaire*. Dabei benutzte der deutsche Philosoph gerade die zwei Symbole, die auch heute noch in der Informatik angewendet werden: die Ziffer 0 und 1! Jetzt, vierhundert Jahre nach Bacon und Leibniz, wissen wir, Dank Shannon und seinen Nachfolgern, dass die beiden Ziffern jede ein *Bit* (engl. binary digit) bedeuten. Das Bit ist die Maßeinheit für den Informationsgehalt und ist nicht nur für die Informationstheorie unentbehrlich, sondern auch für die Speicherung und Verarbeitung der Informationen aller Art. Alles, was in einen Computer eingegeben wird, seien dies mathematische Ausdrücke, geschriebene Wörter, Musik, Bilder usw., muss zuerst in das

Binärsytem „übersetzt", bzw. kodiert werden (das macht die Maschine automatisch!). Das Ergebnis: quasi unendliche Reihen von 0 und 1. Das Verfahren heißt *Digitalisierung*, ohne die, die Speicherung, Verarbeitung und Übertragung von Informationen (Daten) unmöglich wäre. Wiederum: Die von Shannon durchdachte Informationstheorie- und Technologie, die unsere technische Zivilisation so stark bestimmt, wäre ohne die boolesche Algebra auch unmöglich!

Das war, kurz erzählt – extrem kurz! – die lange Geschichte der Null und ihrer Bedeutungen in der Mathematik. Es ist evident, dass unsere materielle Zivilisation nicht entstehen konnte und auch in der Form, die wir heute kennen und so schätzen, sich nicht entwickeln konnte ohne die Zahl Null. Es würden keine Rechner/Computer, keine Telekommunikationen auf digitaler Basis, Mobiltelefone und auch Motoren jeder Art existieren – denn ohne die Ziffer Null, hätte die gehobene Mathematik, die als Basis aller dieser Errungenschaften steht, auch nicht existieren können. Gut möglich, dass unter solchen Umständen unsere wissenschaftliche und materielle Zivilisation zu einer rudimentären, Grundschularithmetik reduziert wäre. Eine Arithmetik die heute nur auf den Märkten für Obst und Gemüse praktiziert wird: Der Preis für die Tomaten wird zu dem der Gurken addiert, und diese Summe von dem Wert der zum Zahlen angebotenen Banknote subtrahiert. So viel und nicht mehr!

Wir versuchen jetzt die gemeinsamen Punkte des *Schweigens* mit dem *Begriff Null*, so wie er in der Mathematik verstanden und angewendet wird, auszuloten. Wir formulieren die folgenden Gedanken in enger Verbindung mit den Konklusionen über das Schweigen, die in diesem Text schon ausgedrückt und nummeriert von 1 bis 3 wurden.

a. Ohne einen intrinsischen Wert zu besitzen, bedeuten sowohl das Schweigen, als auch die Ziffer Null die

Absage jeder eindeutigen, univoken Aussage. Beide bedeuten „Nichts". Die Referenz auf die Konklusion 1 ist evident.

 b. Wie das Schweigen, das, wie wir in der 2. Konklusion festgestellt haben, die Wörter vor- oder nach ihm potenziert, auch die Ziffer Null, vor- oder nach einer Zahl gesetzt (in diesem Fall mit einem trennenden Komma) operiert auf dieser Zahl ihren Wert verkleinernd oder vergrößernd. Also Beide, das Schweigen und die Null, *sind operierende Agenten*, obwohl sie weiterhin keinen intrinsischen Wert besitzen.

 c. Und schließlich, so wie im Falle des Schweigens gezeigt (Konklusion 3), dass diese, wenn die Wörter deren Limits erreichen, die Erscheinung einer neuen „Sprache" ermöglicht, ähnlich funktioniert auch die Ziffer Null. Diese Ziffer „beflügelt" sozusagen die Arithmetik, gehobene Mathematik und Algebra zu werden. Mit der Erscheinung der booleschen Algebra wird dieses Phänomen deutlich, und noch deutlicher mit der Perfektionierung des Binärsystems. Die Ziffer Null und das Schweigen bekommen schon einen gewissen *potentiell generativen Wert*. Jedoch auch unter diesen Umständen haben die Beiden noch nicht einen intrinsischen Wert, auch wenn in der zweielementigen booleschen Algebra die Null „falsch" bedeutet, oder in dem Binärsystem sie nicht mehr „Nichts", sondern eine Negation bedeutet.

Wir können mit Recht sagen, dass das Schweigen und die Null, eine für anderes *Korrelat* sind – sowohl im semantischen als auch im operativen Sinn. Wenn das Schweigen der Punkt Null der verbalen Kommunikation ist, dann kann die Ziffer Null in der Mathematik als das Schweigen jeglicher univoker Aussage betreffend Massen/Quantitäten verstanden werden. Keines dieser einzigartigen Wesen (Schweigen und Null) hat intrinsischen Wert und keine bezieht sich direkt auf die tatsächliche Welt. Das Schweigen und die Null sind nur Agenten: Das erste ist ein *psychologischer Agent* und die zweite ein *mathematischer Agent*. Beide haben ein hochgradiges Niveau an Abstraktion.

Könnte es sein, dass was bis hier über das Schweigen und die Ziffer Null gesagt wurde, alles bedeutet, was darüber zu sagen ist? Nein! Mit Sicherheit nein! So wie in diesem Text schon zweimal angedeutet, hat die Ziffer Null, folglich auch das Schweigen, beachtliche Signifikanz auch im Bereich der Philosophie. Weiter werden wir diesen Aspekt zu skizzieren versuchen. Dieses Unternehmen wird unsere Gedanken direkt in den Bereich der Metaphysik lenken.

*

II-B DIE „PHILOSOPHISCHE" NULL

Eine philosophische Interpretation der Null entstand zum ersten Mal in der altindischen Kultur und setzte sich fort in der arabischen Zivilisation. Wie die Ziffer Null in der Mathematik, kam danach eine solche Interpretation auch in unsere europäische Kultur.

Es wurde schon gesagt, dass die Null in Sanskrit *śūnya* hieß, was *Leere, Nichts* bedeutet und trotzdem gewann dieser Begriff große Wichtigkeit in der Mathematik. Absichtlich habe ich eine Einzelheit beiseite gelassen: *śūnya* stammt von dem buddhistischen Konzept *śūnyatā*, das sowohl *Leere*, als auch *die illusorische Natur der Phänomene* bezeichnet. Dadurch kann leicht verstanden werden, dass in der indischen Philosophie die Phänomene, per Definition immer perzeptibel, (sinnlich)wahrnehmbar, eine illusorische Natur haben, also in einer gewissen Hinsicht besitzen sie einen Wert gleich mit *śūnya* d. h. Null. Dies könnte ein erster Schritt in Richtung einer philosophischen Interpretation sein, von dem, was wir heute Null nennen. Aber die breite Entfaltung der philosophischen Bedeutungen des Begriffs Null wird von einem anderen Sanskrit Wort (von den siebzehn, die in dieser Sprache für „Null" stehen!) ermöglicht. Es ist die Rede von der Vokabel *bindú*, die *Punkt* und/oder *Tropf* bezeichnet.

Um die Bedeutungen dieses *bindú* genannten *Punktes* oder *Tropfs* korrekt und in der Tiefe verstehen zu können, ist ein Abstecher in die alte indische Mythologie notwendig.

Der Gott *Shiva* ist einer der wichtigsten Götter des Hinduismus. Er wurde, unter den vielen Namen, die er trug, auch *Mahadeva*, d. h. *Der Großer Gott* genannt. Er gehört dem übermächtigen *trimūrti* (= *Dreifaltigkeit* – was für eine Ähnlichkeit mit den christlichen Religionen!), das von *Brahmā*, *Vishnu* und *Shiva* gebildet ist. Obwohl das Wort *shiva* in Sanskrit gütig, freundlich, gnädig und segensreich bedeutet, glaubten die Inder außerdem, dass der Gott *Shiva* die Macht hat, alle Transformationsprozesse, sogar das Universum selbst entstehen zu lassen, aber auch diese zu zerstören. Seine Güte zeigt *Shiva* besonders, als er die Unwissenheit (*avidyā*) zerstört[8]. Shivas Symbol ist der *Lingam*, der mal als ein Phallus, mal als eine Feuersäule dargestellt ist. Sehr oft wird er auch als ein Dreieck, mit einer der Spitzen nach oben stilisiert. Shivas Lingam symbolisiert das Urprinzip der Schöpfung. Als Gott der Werte in Opposition oder gegensätzlichen Prinzipien trägt Shiva in sich neben dem Lingam, als Symbol der Männlichkeit, auch das Symbol der Weiblichkeit *Yoni*, das seine erste Frau *Shakti* darstellt. *Yoni*, das in Sanskrit das *weibliche Genitalorgan* und auch *Ursprung* und *Quelle des Werdens* bedeutet, ist auch wie ein Dreieck (siehe das pubische Dreieck bei Frauen) dargestellt, aber mit einer der Spitzen nach unten orientiert. Von dieser nach unten orientierten Spitze rinnt ein *Tropfen*. Ohne Zweifel bedeutet Yoni im Glauben der Inder

---

[8] Martin Mittwede, *Spirituelles Wörterbuch Sanskrit-Deutsch*, Sathya Sai Vereinigung eV. 4. Auflage, Dietzenbach, 2003.

alles, was noch nicht konkretes Phänomen geworden ist d. h. das ganze Universum in seiner noch nicht manifestierten Form. Erst wenn Yonis untere Spitze die obere Spitze des *Lingams* trifft, entsteht das Universum als manifestierte Welt, als Welt der wahrnehmbaren Phänomene. Der Berührungspunkt von *Yoni* und *Lingam* heißt in Sanskrit *bindú*. Im Gegensatz zu *śūnya*, das wie wir gesehen haben eher eine *mathematische Null* ist, ist *bindú* eindeutig eine *philosophische Null*.

Vor dem Übergang zu den Konklusionen und zur Interpretation der enormen Einflüsse, die diese *philosophische Null-bindú* auf die ganze Weltspiritualität hat, muss noch ein mythologischer Aspekt erwähnt werden. Mit der von Shiva bewirkten Entstehung des phänomenalen Universums geht seine „Mission" nicht zu Ende. Bei weitem nicht! Nach der „großen Erschaffung" erscheint Shiva als *Nataraja*, der König des Tanzes. Durch seinen ununterbrochenen Tanz hält- und unterhält Shiva das Universum am Leben, denn sein Tanz ist der Tanz der ewigen *Transformation* oder mit anderen Worten: der Tanz des ununterbrochenen *Werdens* – der Übergang von einem Zustand oder einer Position A zu der anderen B usw. In der indischen Mythologie herrschte der Glaube, wenn Shiva aufhören würde zu tanzen, die Welt selbst, das ganze Universum würde auch aufhören zu existieren. Schon die Idee der Bewegung/Transformation, die das Leben in der phänomenalen Welt ausmacht, hat einen sehr starken Einfluss sowohl auf die Gedanken von Heraklit und Platon ausgeübt, als auch auf die von anderen vielen Philosophen bis in unsere Zeit. Der Forscher Ananda Kentish Coomaraswamy (1877-1947), dessen Mutter Engländerin und der Vater ein Gelehrter aus Sri Lanka waren, ist vielleicht der kompetenteste Interpret und Kommentator der indischen Kultur und Philosophie. Er sagt über den Tanz von Shiva: *„Die essenzielle Bedeutung des Shiva Tanzes ist verdreifacht.* **1-** *Er ist die Verbildlichung der Quelle aller kosmischen Bewegungen, durch eine Arkade/Wölbung dargestellt* (tatsächlich erscheint Shiva in Bildern oder Statuen innerhalb eines Kreises tanzend!). *2- Die Intention dieses Tanzes ist, den Geist aller Menschen von der Falle der erwürgenden Illusion zu befreien. 3- Der Ort dieses Tanzes, Chidambaram, ist das Zentrum des Universums und befindet sich innerhalb des Herzens".*[9]

Es ist noch daran zu erinnern, dass der Gott Shiva in den vedischen Texten nicht erscheint, was die Vermutung der Forscher erweckt, der Ursprung dieses Gottes drawidisch, d. h. vorsanskritisch wäre (es ist bekannt, dass die vom Indoeuropäischen abgeleitete Sanskrit Sprache in Altindien die Drawidische Sprache ersetzt hat).

Um ein amüsantes und auch pikantes(!) Element in diesen Text einzufügen, erwähne ich, dass Shiva großen Wert auf die Eigenschaften der Pflanze *ganja* legte, was nichts anders als *Marihuana* ist! In Anbetracht dieses Aspektes und der Idee eines von Illusion befreienden Tanzes (warum nicht von der Illusion der materiellen Possession?) ist es kein Wunder, dass viele Jugendliche der 60- und 70-iger Jahre, die sogenannten Hippies, Shiva verehrten und sogar einen Kult für ihn hatten.

Bezüglich der Gleichwertigkeit (oder Äquivalenz) *Tanz-Bewegung-Leben*, sowohl für das ganze Universum als auch für alle lebenden Wesen gültig, möchte ich noch einige Sätze hinzufügen. Vor ca. fünfzehn Jahren ist mir der kulturelle Genuss gegeben, ein Buch zu lesen und zu analysieren mit Gedichten von meinem guten Freund, Dichter und Literatur Theoretiker, Valentin Taşcu, leider zu früh verstorben. Das Buch trägt den Titel *Die Schule des Todes*[10]. Vor allem hat mich das Gedicht *Die Eisknolle* besonders

---

[9]Ananda K. Coomaraswamy, *La danse de Çiva - quatorze essais sur l'Inde*, L'Harmatan Verlag, 2000. Zur Vertiefung ist zu empfehlen auch das Buch desselben Autors *Hindouisme et bouddhisme*, Gallimard Verlag, 1963.
[10] Valentin Taşcu, Originaltitel *Şcoala morţii*, Clusium Verlag, Cluj-Napoca (Klausenburg), 1997.

inspiriert und gedanklich angeregt. Hier ein fragmentarisches Zitat (mit meinen Hervorhebungen):

Walpurgisch brüllte die Nacht in mir,
weder Tränen, noch Lachen, nur brennender Tod
und *jener makabre Tanz ohne Bewegung,
ohne Musik,* nur auf einem *vermuteten Rhythmus.*

Die Assoziierung des Todes mit einem „Tanz" ohne Bewegung, ohne Musik und Rhythmus, ein „Tanz" der in dieser Weise makaber wird, eigentlich ein Nicht-Tanz, hat mich damals veranlasst, ein Essay auf 65 Buchseiten zu schreiben. Diese Abhandlung heißt *Tanz, Musik und Tod*.[11] Hier, sehr kurz, die Konklusionen dieses Essays, die mit den Bedeutungen des Shiva Tanzes mit Evidenz sehr ähnlich sind, und sogar diese letzteren zusätzlich erläutern: *„…die Musik und der Tanz symbolisieren gleichermaßen das Leben – folglich deren Abwesenheit bedeutet Tod". „Wie lange das Wesen an dem 'universellen Tanz' teilnimmt, wie lange es sich bewegt (in allen möglichen Bedeutungen dieses Wortes!) existiert es. Existieren bedeutet hier das Werden 'tanzen'." „…das Aufhören des 'Tanzes' bedeutet den Bruch des Wesens von dem Werden. Wir sagen, dass dann das Wesen Werden verliert, es trennt sich von dem fundamentalsten Gesetz der Welt und der Existenz."* …denn: *„Der Tod ist die Absurdität nicht mehr zu werden und die grausame Strafe, nicht mehr der Welt zu gehören, an ihrer Harmonie und ihrem ununterbroche-*

---

[11] Vladimir Brânduş (mein Pseudonym in Rumänisch), *Eseuri numite de autor şi panseluţe* (deutsch: *Essays von dem Autor auch Stiefmütterchen genannt*), Clusium Verlag, Cluj-Napoca (Klausenburg), 2006. Das Essay worüber die Rede ist, ist sehr „beladen" mit philosophischen Reflexionen und Referenzen, aber ausschließlich von der europäischen Kultur abgeleitet. Deswegen habe ich damals gedacht, dass es zu viel wäre, die Substanz des Textes auch mit der fernöstlichen Philosophie zu verbinden. Aus diesem Grund gibt es im Text keine Erwähnung von dem Tanz von Shiva. Vielleicht habe ich damals einen Fehler gemacht!

nen Werden teilzunehmen" (Seite 222). Übrigens: Auch wenn der „Tanz" bei hochbetagten Lebewesen immer langsamer wird, ist dies ein Zeichen, dass der Tod sich in der Nähe befindet.

Nicht nur die Lebewesen sterben wenn, wie oben gezeigt, ihr Tanz aufhört, so dass sie das Werden verlieren und von dem fundamentalsten Gesetz der Existenz getrennt werden. Wenn Shiva auch nicht mehr tanzen würde, dann trennt sich sogar das ganze Universum von seinem fundamentalsten Gesetz, das ununterbrochene Werden, und stirbt – so der indische Glauben.

Endlich ist die Zeit gekommen, an jene *„philosophische" Null*, *bindú*, an ihre Bedeutungen und Einflüsse auf die humane Spiritualität zurückzukehren.

Im Gegensatz zu der *„mathematischen" Null*, die konstant keinen intrinsischen Wert hat, *bindú*, verstanden als eine *„philosophische" Null*, trägt in sich durch seinen weiblichen Teil, *Yoni*, das ganze Universum in seiner noch nicht manifestierten Form. Auch wenn dieser „Inhalt" latent ist, stellt er ohne Zweifel einen *Wert* dar. Dieser Wert *ist intrinsisch* und weil das weibliche Prinzip *Yoni* ewig ist, können wir wohl sagen, dass dieser Wert auch *immanent ist* – er ändert sich nicht und verlässt niemals sein Urprinzip und seine Quelle („Mutter"), die auch unveränderbar sind. Aber *bindú*, die „philosophische" Null, beinhaltet auch den *Lingam*, ihren männlichen Teil, der das Urprinzip und die Urschöpferische Energie symbolisiert. Durch die Berührung des *Lingams* (männlich) mit der *Yoni* (weiblich) – ich erinnere an den Treffpunkt der beiden Dreiecke – gehen die intrinsischen Werte von Yoni von ihrem latenten Zustand in den dynamischen Zustand des ununterbrochenen Werdens über, also entsteht das Universum, als Welt der Phänomene verstanden. Zu Recht können wir die Valenzen und die schöpferische Kraft des *Lingams* – den latenten Werten von *Yoni* phänomenales Leben zu verleihen – einen *Wert* nennen. Wie im Falle von Yoni, ist der Wert des *Lin-*

gams auch intrinsisch, und weil das männliche Prinzip *Lingam* auch ewig ist, können wir wohl sagen, dass auch dieser Wert *immanent* ist; denn wie der Wert von *Yoni*, auch der Wert von *Lingam* ändert sich nicht und verlässt niemals sein Urprinzip und seine Quelle („Vater"), die auch unveränderbar sind. Aber Achtung! Obwohl der Wert des Lingams *immanent* im maskulinen Prinzip ist, verleiht er *Transzendenz* dem ganzen System *Lingam-Yoni*, also der *„philosophischen" Null-bindú*. Diese transzendentale Eigenschaft ist hauptsächlich durch die Tatsache verursacht, dass *bindú*, durch seine maskuline Komponente Lingam, das *ewige Werden* erzeugt, was nichts anderes als die ununterbrochene *Transzendenz* der Werte, Qualitäten und Zustände in der phänomenalen Welt bedeutet.

Wir können jetzt festlegen: *Bindú* beinhaltet und bedeutet sowohl *Immanenz*, als auch *Transzendenz*, er hat immer einen *intrinsischen Wert* und ist eine *kausale Null* (er ist die *Ursache* des Werdens) im Gegensatz zu der „mathematischen" Null (*śūnya*), die ein *arithmetischer Operator* ist (sie *modifiziert* nur die Werte anderer Ziffern).

So wie sie dargestellt ist – zwei Dreiecke deren Spitzen in einem infinit kleinen Punkt sich treffen – und vor allem wegen der Dualität ihrer Bedeutung (auf einer Seite das Universum in latentem Zustand und auf der anderen Seite die Entfaltung dieses als Phänomen), scheint die *„philosophische" Null-bindú* zwei synchronische Momente(!) bzw. zwei gleichzeitige Zustände in sich einzuschließen. Sehr möglich in dem mythologischen Reich von Shiva! Bei dem Versuch, die Komponenten dieser Doppelwesen nur mental und nur zu methodologischen Zwecken zu trennen, stellen wir folgendes fest: Die erste Komponente des *bindú* (das Universum in seiner noch nicht manifestierten Form – *Yoni*) entspricht der Welt der *virtuellen, noch formlosen Möglichkeiten*, für uns sinnlich *nicht wahrnehmbar*. Die andere Komponente des *bindú* (die Entstehung und Entfaltung des Universums in Phänomen – vom *Lingam* verursacht) entspricht der *konkret existierenden* Welt, also *empirisch, formenreich* und für uns sinnlich *vollkommen wahrnehmbar*.

Mit diesen letzten zwei Sätzen/Konklusionen in Bezug auf die Komponenten des indischen *bindú-„philosophische" Null*, öffnet sich eigentlich der Weg für weitere Auslegungen der Ziffer Null im Sinne und von der Perspektive der Europäischen Philosophie.

Obwohl die plötzliche Einführung der folgenden Idee in einen Text wie diesen, noch dazu gerade an dieser Stelle, wider jeden Gesetzes, Prinzips und stilistischen Gebots bei Bildung eines Essays ist, werde ich dies trotzdem machen. Ich muss es machen! Immer wenn meine Gedanken sich mit dem hinduistischen System *lingam-yoni* mit dem *bindú* dazwischen beschäftigen, fliegen sie unweigerlich zu der epochalen Entdeckung des genialen Wissenschaftlers Stephen Hawking. Diesem entsprechend, vor ca. 13,7 Milliarden Jahren waren die ganze Materie und Energie des Universums in einem einzigen unvorstellbar dichten und unvorstellbar heißen Punkt mit Maßen gleich Null (*bindú?*) konzentriert. Nach Hawking explodiert dieser winzige Punkt und so entsteht, entfaltet und expandiert das ganze Universum als Materie, als Zeit und als Raum. Es ist die Rede über die sogenannte Theorie des Urknalls. Erst nach diesem Urknall kann über eine phänomenale, sinnlich wahrnehmbare und messbare Welt gesprochen werden. Es ist mehr als sicher, dass der englische Wissenschaftler nicht die hinduistische Vision als Modell für seine Arbeit genommen hat – er kam auf seine Konklusionen hauptsächlich durch mathematische Berechnungen (die selbstverständlich auch die Ziffer Null beinhalten!). Aber ebenso sicher ist, dass die beiden Modelle der Entstehung des Universums in ihren Hauptzügen ähnlich sind! Könnte es sein, dass das System *bindú/Lingam-Yoni* eine vorzeitige Intuition war, eine richtige

Erklärung der großen Entstehung *avant, avant, avant ... la lettre* war? Ich glaube: JA!

Lasst uns jetzt doch, so wie es sich gehört, zurückkehren zu der logischen und chronologischen Reihenfolge der Einflüsse, die die „philosophische" Null auf die Philosophie ausübte.

Ich weiß nicht, ob von der indischen Philosophie beeinflusst oder nicht – letztendlich hat es keine Wichtigkeit! – verstand auch Platon die Existenz als in zwei Welten geteilt: 1- die Welt der *Ideen*, die ewig *sind, ohne jemals geworden zu sein.* Weil die Ideen nur gedacht, oder erdacht werden können und nicht sinnlich wahrgenommen, wurden sie **νοουμενον** (nooymenon) genannt – von dem griechischen Wort **νόος** (noos) das *Gedankenkraft, Verstand, Vernunft* und *tiefeingehender Geist* bedeutet. 2- die Welt der *Phänomene*, die ununterbrochen werden und vergehen, *ohne jemals zu sein* (im Sine einer permanenten Existenz). Weil die Phänomene sinnlich wahrgenomen werden können, also auch angeschaut, wurden sie **φαινομενον** (phainomenon) genannt – von dem griechischen Wort **φαινω** (phaino) das *ans Licht bringen, sichtbar machen, zeigen* etc. bedeutet. Platons Idee, dass die Existenz aus zwei Welten gebildet sei, dass sie zwei Hypostasen hätte, ähnelt sehr den Bedeutungen von *bindú*. Aber wenn wir daran erinnern, dass Platon die Phänomene, also die wahrnehmbare Welt, als *Schatten* der Ideen verstand, als ob sie auf einer Wand projiziert wären, und, dass bei den Indern die Phänomene nur *Illusion*, einfache *Anscheine* (*rûpadhâtu*) sind, werden die Ähnlichkeiten der beiden Visionen noch deutlicher.[12]

Obwohl viel nuancierter als bei allen seinen Vorgängern und mit großen Implikationen in der Erkenntnistheorie, auch Immanuel Kant geht auf ähnlichem Wege. Auch für ihn ist die sinn-

---

[12] Siehe in Platon: für nooymenon-phainomenon vor allem *Timaios* (27d), und für den Vergleich mit den Schatten, *Politeia*, genannt auch *Res publica* oder *Der Staat* (514a-522d).

lich wahrnehmbare Welt der Phänomene nur eine *Erscheinung* des *Dings an sich*, das, so wie bei Platon, kann nur gedacht und nicht (sinnlich) wahrgenommen werden.

Arthur Schopenhauer übernimmt teilweise das System von Kant (obwohl in einigen Punkten er heftig dem Königsberger widerspricht!). Deutlich ist aber, dass Schopenhauer von Kant ziemlich genau übernimmt, was dieser letztere von Platon übernahm, nämlich das, was klare Ähnlichkeiten mit der hinduistischen Vision aufweist. Was Platon die Welt der *Phänomene* nannte und Kant die der *Erscheinungen*, heißt in dem schopenhauerschen System *Vorstellung*. Und was Platon *Idee* nannte und Kant *das Ding an sich*, nennt Schopenhauer *Wille* – ein fundamentaler Wille, der außerhalb der Zeit und dem Raum ist, somit unabhängig von der Kausalität agiert. Dieser Wille ist intrinsisch jedem existierenden Element, sowohl lebendigen Wesen, als auch leblosen Sachen. Der fundamentale Wille verleiht allen Elementen spezifische Eigenschaften und so leitet er diese, durch die *Objektivierung* und *Individualisierung*, ins *principium individuationis*. Jetzt verbunden mit dem Raum, Zeit und Kausalität, bieten sich alle Elemente, schon als Phänomen, der sinnlichen Wahrnehmung an. Somit wird die erste Stufe der Erkenntnis erfüllt.[13]

Sehr frei und absolut unkonventionell könnten wir den *fundamentalen Willen* bei Schopenhauer mit dem *Lingam* gleichsetzen – beide sind Energien, die *Individualisierung* verleihen und dadurch sind sie *Generatoren/Erzeuger* der *Welt als Vorstellung* bei dem deutschen Philosophen, und bzw. der *Welt-Illusion* im Hinduismus.

Noch mehr: Wenn wir die Idee akzeptieren (und ich sehe keinen Grund, dies nicht zu tun!), dass, auf einer Seite, **was Yoni**

---

[13] Arthur Schopenhauer *Die Welt als Wille und Vorstellung*, geschrieben in 1819 und in 1844 ergänzt.

beinhaltet – das Universum in seinem latenten, noch nicht manifestierten Zustand, also vor der Berührung mit dem *Lingam* – und auf der anderen Seite, dass **der schopenhauersche** *fundamentale Wille* vor seiner eigenen Differenzierung und bevor er sein „Werk", die Elemente zu differenzieren, einsetzt, *äquivalent* sind und wir die beiden *„Universalia"* (d. h. hier einen ewigen Allumfassenden, der nicht zu kennen ist) nennen könnten, dann ist noch eine wichtige Ähnlichkeit zwischen schopenhauerschen und hinduistischen System deutlich geworden.

In diesem Fall kann mit Klarheit Schopenhauers berühmte Formel *Universalia ante rem, Universalia in re, Universalia post rem* angewendet werden[14]. Auch wenn es ein wenig essayistisch anmutet, können wir dann sagen: *Yoni* und der *Lingam* vom Hinduismus, die *Ideen* von Platon, *das Ding an sich* bei Kant, der *fundamentale Wille* bei Schopenhauer und auch jener *winzige Punkt*, in welchem die ganze Energie und Materie des Universums konzentriert waren, wie es Hawking behauptet, sind alle **Universalia ante rem**. Die *Entstehung* und die *Entfaltung* des Universums in der hinduistischen Vision, und sogar auch der *Tanz von Shiva*, der das ununterbrochene Werden unterhält, das *Phänomen* bei Platon, die *Erscheinungen* bei Kant, der Übergang ins *principium individuationis* durch die Objektivierung, also die *Vorstellungen* bei Schopenhauer, aber auch die *Entstehung der Zeit und des Raumes durch den Urknall* bei Hawking, sind alle **Universalia in re**. Und schließlich die tiefe Erkenntnis dieser zwei Universalien (ante- und in re), egal durch welche Mittel oder

---

[14] *Universalia ante rem* = das Universale vor/*apriorisch* den Sachen (siehe vor dem Phänomen). *Universalia in re* = das Universale in Sachen (jetzt phänomenalisiert). *Universalia post rem* = das Universale nach/*a posteriori* den Sachen (siehe nach dem Phänomen). Mit diesem letzteren ist das *Konzept* gemeint im Sinne einer höheren Stufe des Verstandes und des Kennens. Das Wort *re* ist von dem lateinischen *res, rei* (=Vermögen, Besitz und juristische Sache) abgeleitet und bezeichnet hier eine *existierende Sache*, *Objekt* und *Realität*. Mit dieser Bedeutung ist *re* (bzw. *rem*) von Schopenhauer angewendet.

Methoden sie vollbracht wird, ist *Universalia post rem*, die von dem Denker immer durch Konzepte artikuliert wird.

In dieser großartigen Ideenkette, von den Indern bis zu Schopenhauer, ist nicht unbedingt von Einflüssen oder Übernahmen die Rede. Vielmehr bin ich der Überzeugung, dass diese Ideenkette eine natürliche Entwicklung der menschlichen Gedanken in Bezug auf ein außerordentliches und hoch anspruchsvolles Thema darstellt: Die Entstehung und Zusammensetzung der Existenz im Allgemeinen. Beachtlich ist aber, dass der Startpunkt, der Ursprung dieses sehr edelmütigen Themas, mit Sicherheit die indische Philosophie in Bezug auf *bindú*, von uns die *„philosophische"* Null genannt, ist. Ebenso war es sehr natürlich, dass die Inder von damals die Entstehung jedes Lebewesens als Modell für ihr System genommen haben – wie es wohl bekannt ist, auch die Lebewesen entstehen durch die Berührung von zwei winzigen Elementen (siehe Zellen). Kann es wirklich bestritten werden, dass der Moment der ersten Berührung der zwei Ur-Zellen eigentlich der *Punkt Null des Lebens* jedes Lebewesens ist? Also ist der Ursprung des Systems *pragmatisch* – ein Pragmatismus der alle Gedanken auf dieses Thema, die in Jahrhunderte folgten, mehr oder weniger prägt.

*

II-C: DIE „ABSOLUTE" NULL

Es ist kein Zweifel, dass die arabischen Mathematiker und Philosophen die indischen Texte, bezogen auf die Mathematik, d. h. auch die über den Begriff Null, sowohl als *śūnya*, auch als *bindú* (von uns *„philosophische"* Null genannt), wohl kannten. Jedoch in den Kommentaren zur Ziffer „Null" ist in der arabischen Welt auffällig oft über das *Nichts* (fr. néant) die Rede. Es wird behauptet, dass die moslemischen Philosophen die Ziffer Null ein *schöpferisches Nichts* (néant) oder *supraessenzielles Nichts* nannten. Wir erinnern daran, dass *Nichts* der Begriff ist, der die *absolute Abwesenheit* von etwas bezeichnet und auf keinen Fall mit der *Leere* verwechselt werden darf, denn, diese letztere nur die *Abwesenheit eines Wertes* bezeichnet, wie z. B. die *śūnya-„mathematische" Null* es tut[15]. Folglich fragen wir uns: Wie das auffällig große Interesse der arabischen Philosophie für die Ziffer Null zu erklären ist, wie lange diese Philosophie schon von den Indern genau wusste, was Null bedeutet? Verstanden die arabischen Denker durch die *Null-supraessenzielles-Nichts* etwas anderes – oder viel mehr(!) – als die Inder durch *śūnya* oder *bindú* verstanden haben? Obwohl ich leider nicht in der Lage bin präzise Referenzen zu den arabischen Texten zu machen, wage ich – nicht ohne gewisse wissenschaftliche Risiken! – folgende Hypothese zu formulieren: Wahrscheinlich haben sich die muslimischen Philosophen gefragt, was vor- oder *jenseits* der Null sich befindet. In diesem Fall, kann die Antwort nur „Nichts" sein – ein „Nichts", das auch eine *„absolute" Null* genannt werden kann. Diese vermutete Frage und die vermutete Antwort an diese, ermöglichte dem Begriff *Nichts* (fr. néant) eine beachtliche „Karriere" in dem philosophischen Denken. Der höchste Punkt der Wichtigkeit des Begriffs *Nichts* ist in der Existenz-Philosophie erreicht worden, besonders mit dem Buch von Jean-Paul Sartre *L'être et le néant*.

Bevor das *schöpferische-* oder *supraessenzielle Nichts* (néant) der Araber, von uns auch *„absolute" Null* genannt in Europa des 20. Jahrhundert bekannt und angewendet wurde, war schon in früheren Zeiten der Gedanke eines *unverständlichen* und

---

[15] Um die Verwechslung der *Leere* mit dem *Nichts* zu meiden: Während die *Leere* die Inexistenz jeglichen Elements in einem gegebenen Raum ist, bezeichnet das *Nichts* auch die Inexistenz des Raumes selbst. Beispiel: Wenn von einem beliebigen Behälter (gegebener Raum) jeder Inhalt, inklusive die Luft, entfernt wird, dann könnte über *Leere*, *Vakuum*, also über eine Null in mathematischer Hinsicht, die Rede sein. Nur wenn auch der Behälter selbst (der Raum) nicht mehr existiert, kann wohl von *Nichts* in philosophischer Hinsicht die Rede sein.

unantastbaren Mysteriums eines „versteckten" Gottes – *Deus absconditus* – vorhanden. Ein Gedanke, der mit der Ziffer *Null*, so wie die Araber die verstanden, verwandt ist. Wie bekannt, wurde die Idee eines versteckten Gottes zuerst von Sankt Augustinus (354-430 nach Christus) formuliert, und danach, im 17. Jahrhundert, von dem französischen Mathematiker und Philosoph Blaise Pascal wieder ins Gespräch gebracht.

Sehr verwandt mit der Idee von *Deus absconditus* und noch deutlicher in Verbindung mit dem *schöpferischen Nichts* (oder *supraessenziellen Nichts*, *„absolute"* Null etc.) – oder sogar ermöglicht von diesem? – ist die Theorie des deutschen Theologen und Philosophen Meister Eckhart (1260-1327) über *Gott* im Verhältnis mit der *Heiligen Essenz*, siehe *Gottheit*. Bei Eckhart „Gott und Gottheit sind so weit voneinander verschieden wie Himmel und Erde" sagt ein Kommentator der Werke des Theologen. Das Verhältnis Gott-Gottheit erfasst Eckhart, wie folgt: Auf einer Seite ist Gott ein *Objekt der Erkenntnis*, und das nicht nur durch den Glauben (Revelation), sondern unbedingt auch durch die *Vernunft*; denn er besitzt *Eigenschaften* (Güte, Weisheit, Barmherzigkeit usw.) und auch *geteilt* in drei Einheiten (die Dreifaltigkeit: Vater, Sohn und Heiliger Geist) erscheint. Auf der anderen Seite, kann die *Gottheit kein Objekt der Erkenntnis* sein, denn sie hat *keine Eigenschaften*, durch welche sie definiert werden könnte, und auch *nicht geteilt* werden kann. Die Gottheit ist eine *absolute Einheit*, ein *überseiendes Sein* und eine *überseiende Nichtheit*, Gott *übergeordnet*, eine Einheit die der Ursprung des *Alles* ist (hier ist ein neoplatonischer Einfluss nicht zu übersehen!). Eckhart nennt in der Predigt Nr. 28 die Gottheit eine *„einfältige Stille"*. Er sagt auch: *„Die verborgene Finsternis des unsichtbaren Lichtes der ewigen Gottheit ist unerkannt und wird auch nimmermehr erkannt werden"*[16].

---

[16] Meister Eckhart, *Predigten* (Nr.51). Hier darf erinnert werden, dass Meister Eckhart (nach seinem richtigen Namen Johann Eckhart) einen wichtigen Bei-

Allerdings setzt Meister Eckhart die *Gottheit* auf denselben Plan mit den *Ideen* bei Platon. In Predigt 109 ermuntert er sogar: *„Man soll bei Gott nicht 'stehen bleiben' sondern 'durchbrechen' zur Gottheit"*. Wenn tatsächlich die Gleichsetzung *Gottheit* (bei Eckhart) und *Ideen* (bei Platon) richtig wäre, bedürfte die Sache keiner Frage mehr. Aber bei einer genaueren Analyse des zitierten Satzes von Predigt 51 – *„Die verborgene Finsternis des unsichtbaren Lichtes der ewigen Gottheit **ist unerkannt und wird auch nimmermehr erkannt werden**"* – ein Satz mit einer gewissen esoterischen Note (!), könnte die o.g. Gleichsetzung infrage gestellt werden. Wie könnten versöhnt werden die Behauptung (bei Eckhart), dass die Gottheit „unerkannt ist" und auch „nimmermehr erkannt" wird, mit der Möglichkeit und sogar Notwendigkeit, die *Ideen* (bei Platon), trotz deren sinnlicher Unwahrnehmbarkeit, zu kennen? Vielmehr entsteht die Vermutung, dass die Gottheit mehr Gemeinsames mit dem *schöpferischen* oder *supraessenziellen Nichts* (von uns *„absolute"* Null genannt) der Araber hat, als mit der *Ideen* bei Platon. Es ist doch von einer **über**-geordneten, oder **supra**-geordneten Position die Rede, sowohl bei der Gottheit (Gottheit vor dem Gott!), als auch bei dem **supra**-essenziellen Nichts, bzw. bei der Null in Auffassung der arabischen Philosophie!

Wir kommen einen Moment zurück zu Schopenhauer: Wenn wir sagen, dass die Ideen bei Platon, das Ding an sich bei Kant und der Wille bei Schopenhauer *ante rem* sind, dann sowohl das *supraessenzielle Nichts* bei den Arabern, als auch die *Gottheit* bei Eckhart, mit Sicherheit *ante, ante rem* sind.

---

trag zur Bildung der Deutschen philosophischen Sprache gebracht hat, und dass er als der ersten wichtigen deutschen Philosophen gilt. Wir fügen auch hinzu, dass Eckhart, wegen seinen Mut zur Erneuerung in seinen Gedanken, im Jahr 1325 für Häresie angeklagt wurde.

Eine rettende und zugleich traurige, verzweifelte Flucht ins Unverständliche und Unantastbare? Eine Flucht, die der denkende Mensch, wissend, dass er nicht alles wissen kann, zu unternehmen gezwungen ist?

Von der Ziffer Null angeregt – für mich eine magische Ziffer! – und dann von ihren verschiedenen Bedeutungen gelotst, ist es uns gelungen eine faszinierende Wanderung durch die geistige Geschichte der Humanität zu unternehmen, und dabei bei ihren wichtigsten Punkten Rast zu machen. Bei solchen Gelegenheiten konnten wir sogar drei Arten von Nullen ausloten: eine *„mathematische"*, eine andere *„philosophische"* und endlich eine dritte *„absolute"* Null. Wir haben auch festgestellt, dass die *„mathematische"* Null dem *Schweigen* ähnelt, diese letztere als Unterbrechung oder Ablehnung der zwischenmenschlichen verbalen Kommunikation verstanden. Dazu haben wir auch festgestellt, dass das Schweigen und die „mathematische" Null *Korrelate* im semantischen Sinne sind, und umso mehr im operationellen Sinne. Ich glaube, es ist richtig so!

***

III - DIE RUHE

Es stellt sich noch die Frage, ob das *Schweigen* etwas Gemeinsames auch mit der *„philosophischen"*- und/oder mit der *„absoluten"* Null haben kann – zwei Begriffe, deren Bedeutungen zur tiefsten Problematik des Verstehens der Existenz führen. Die Antwort kommt unmittelbar und ist ein deutliches NEIN! Das Schweigen im Rahmen der interhumanen verbalen Kommunikation hat nichts und kann nichts Gemeinsames mit den fundamentalen Begriffen und Fragen der Existenz haben.

Wenn aber das *Schweigen* als der erste Schritt in Richtung *Ruhe* gedeutet wird, dann ändert sich radikal die Situation. Um eine solche Behauptung begründen zu können, ist vorerst nötig zu klären, was unter dem Begriff *Ruhe* hier zu verstehen ist.

Die Ruhe beginnt nur wenn der „Lärm der Welt" aufhört oder wenn dieser überhört wird oder überhört werden kann. Selbstverständlich ist hier die Rede von dem „Lärm der Welt" in ihrer Entfaltung als Phänomen. Jedes Phänomen besitzt eine Menge von Qualitäten und Eigenschaften, wovon nur einige *essenziell* und entscheidend sind für seine Wahrnehmung und danach für den Menschen, um dies zu verstehen. Aber ein und dasselbe Phänomen besitzt auch eine andere Reihe von Eigenschaften, die *sekundär-* oder *Nebeneigenschaften* genannt werden können, weil die nicht entscheidend für das Verstehen des intimen Wesen des Phänomens sind[17]. Ich nenne hier die Summe aller sekundären Eigenschaften von allen Phänomenen den *Lärm der Welt* oder ihr *Geräusch*. Es dürfte klar sein, dass hier Lärm und Geräusch nicht nur im *akustischen* Sinne, sondern vielmehr im Sinne der *Wertigkeit* gemeint sind. In ihrem Versuch, die *essenziellen* Eigenschaften eines Phänomens auszuloten, müssen die Tiefdenkenden von den *sekundären* Eigenschaften Abstraktion machen. Anders ausgedrückt: Sie müssen von dem Gesamtbild der Manifestierung eines Phänomens genau das *Geräusch* oder den *Lärm* ausschließen, sowohl im akustischen und umso mehr in Sinne der Wertigkeit; sie müssen das *Essenzielle von dem Sekundären trennen*. Dieser Akt ist äquivalent mit der Einsetzung der *Ruhe*. Die tiefen Gedanken können nur im Kontext der *Ruhe* stattfinden! Noch mehr: Im Rahmen des tiefen Kennens bekommt

---

[17] Um jede Unklarheit auszuschließen, gebe ich hier ein absichtlich banales Beispiel: Die Essenz des Wesens eines Automobils ist, das diese Personen von einem Punkt zu dem anderen befördert und das schneller, bequemer als sie durch eigene Kräfte, z. B. laufend, hätten machen können. Das dieses Automobil Lärm macht, Abgase ausstößt, jemanden töten kann, preiswert oder teuer ist, diese oder jene Farbe hat etc. sind in der Relation zu seinem Wesen alles *sekundäre Eigenschaften*. Also semantisch und *vor allem philosophisch* gesehen sind diese sekundären Eigenschaften *Lärm* – d. h. unbedeutend.

die Ruhe, neben ihrem *akustischen* Sinn und der, der *Wertigkeit*, auch einen *psychologischen* Sinn. Das kennende Subjekt kann nicht ohne eine gewisse innere Regungslosigkeit, ohne beschauliche, stille und geduldige Überlegung den wahren Akt der Erkenntnis durchführen. So eine Verfassung ist *seelische Ruhe*. Das *Schweigen*, wie wir festlegten, die Unterbrechung oder die Ablehnung der interhumanen verbalen Kommunikation ist, kann *die erste Silbe der Ruhe* genannt werden. Es ist so, denn die Wörter können oft und sehr leicht zu einfachen Geräuschen oder Lärm degenerieren. Der Mensch spricht viel mehr als er wirklich kommuniziert! Der höhere Grad des Schweigens ist die Ruhe! Und die Ruhe ist die Bedingung *sine qua non* des Nachdenkens. Vielleicht sagte Nietzsche deswegen, dass, wer einen Weisen sucht, wird ihn nur in der Wüste finden.

So wie wir den Begriff Ruhe hier verstehen, ist er nicht vollkommen mit dem antiken Begriff *Ataraxie* (= Seelenruhe, Gleichmut, Unerschütterlichkeit) gleichzusetzen. Denn schon mit Demokrit beginnend, bedeutete *Ataraxie* ein Mittel um die seelische Zufriedenheit zu erlangen, somit war dieses Wort mehr in die Sphäre der Ethik einzuordnen. Aber mit der Deutung von Epikur, dass die Ataraxie *sich von den äußeren Einflüssen zu befreien*, um autark (in Gedanken!) zu werden, bedeutet, erscheinen klare Ähnlichkeiten mit dem, was wir hier durch Ruhe verstehen. Vielleicht ist die lateinische Übersetzung von *Ataraxie*, *tranquillitas animi*, viel näher dem, was wir *Ruhe* nennen. Schließlich können wir behaupten: Während die Ataraxie ein Begriff der *Ethik* ist, ist die Ruhe, so wie wir sie hier interpretieren, eher ein *erkenntnistheoretischer* Begriff.

Poetisch ausgedrückt könnte man sagen, *erst wenn die Ruhe einsetzt, „hört man das Gras wachsen"*. Das bedeutet, dass der *fundamentale Klang der Phänomene*, deren *Ur-Klang*, jener Klang jenseits der Geräusche und des Lärms, hörbar wird. Es waren nicht wenige, die Poeten, Philosophen und sogar die Wissenschaftler, die behauptet haben, dass zwischen der Existenz in ihrer noch nicht im Phänomen manifestierten Form, also alles, was *ante rem* ist (Gott, die Ideen, das Ding an sich, der fundamentale Wille etc.) und die Phänomene als solche, *per se* wahrnehmbar, eine Relation gibt, ja, sogar eine Brücke. Diese Brücke erscheint in Form von Vibrationen/Schwingungen und ist der *Ur-Klang der Phänomene*, deren *fundamentaler Klang*. Wissenschaftler entdecken immer wieder neue Typen von Schwingungen, die durch ihre spezifische Wellenlänge und/oder Frequenz einer oder anderer Materialien, Objekten und sogar Phänomenen zugewiesen werden. Schopenhauer behauptet und demonstriert, dass die Musik die einzige Modalität den fundamentalen Willen, *ante rem*, zum Ausdruck zu bringen ist. Auch Poeten von dem Format eines E.T.A. Hoffmann, Novalis, Rilke oder Paul Celan, sprechen von einem Ur-Klang, der so ist, als sei *„die Wahrheit selbst unter die Menschen getreten, mitten ins Metaphern-Gestöber"* (Celan) oder wie *„die ununterbrochene Nachricht, die aus Stille sich bildet"* (Rilke). Auch in der Welt der Religionen wird an der Existenz eines Ur-Klanges als unmittelbarer Ausdruck der Gottheit geglaubt. Priester von allen Religionen beschwören die Gottheit mit Wörtern oder Ausdrücken auf einem gewissen Ton, die *Mantras* heißen und eine Brücke zu dem Angebeteten und Allmächtigen vom jenseits der Phänomene, also *ante rem*, bedeuten. Die Mantras sind Symbole des Ur-Klanges und *„Werkzeuge des Geistes"*, wie der Weise Lama Anagarika Govinda sie nennt. Die bekannteste Mantra ist die Silbe *Om* in den indischen und tibetanischen Religionen; aber auch im Christentum gibt es Mantras wie *Amen, Ave Maria, Halleluja* und *Kyrie Eleison*. Joachim-Ernst Berendt (Musikologe) schrieb über dieses Thema ein Buch, das zahlreiche Denker erstaunte und begeisterte (der Philosoph Peter Sloterdijk empfiehlt dieses mit Nachdruck). Das Buch trägt den Titel *Nada Brahma - die Welt ist Klang* (wo *nada* in Sanskrit *Klang* bedeutet und Brahma ist der Gott, der neben Vishnu und Shiva das allmächtige *Trimurti* bildet) [18]. Durch unzählige und unerwartete Referenzen und Analysen überzeugt das Buch ohne jeglichen Zweifel offen zu lassen, dass der Ursprung der Welt (und der Existenz im Allgemeinen) tatsächlich durch den Klang sich artikuliert und noch dazu, dass dieser Klang der Ausgangspunkt der Musik und der Sprache ist. Um die erhöhte geistige Effizienz und Wichtigkeit des Klanges im Rapport mit den Wörtern zu unterstreichen, fügt Berendt unter anderem auch ein Zitat von Goethe ein: *„Ich kann das Wort so hoch unmöglich schätzen / ich muss es anders übersetzen."* (*Faust*). Es ist zu bermerken, dass Goethe nicht die Mantras kannte aber, da er das Wort „anders übersetzen musste" ist ein Beweis, dass er etwas (einen Klang/den Ur-Klang!?) vermisste.

Wir betonen, dass der von den Poeten gehörten *Ur-Klang* und umso mehr die *Mantras* ohne die *Ruhe* unmöglich wahrzunehmen sind – eine Ruhe in allen ihrer drei Sinne: akustisch, als Wertigkeit und psychologisch. Die Poesie verlangt bei ihrer Entstehung *Ruhe* und das Beten noch mehr! Nicht zufällig ist Shiva auch der Patron der *Yoga* Praktiken – Übungen und Meditationstechniken, die eben die *geistige Ruhe, tranquillitas animi* zu erreichen helfen.

Die Ruhe in ihrem akustischen Sinn, als Wertigkeit und ihrem psychologischen Sinn ist mit Sicherheit der Weg zu der *„philosophischen" Null* und vielleicht auch der Beginn des Weges – unmöglich ihn vollkommen zu Ende zu gehen! – in Richtung der *„absoluten" Null*. In der *Ruhe*, wenn der Mensch schweigt und auch der Lärm der ganzen Welt nicht mehr zu dem denkenden Geist durchdringt, wird der Ur-Klang und die versteckte „Stimme" von allen Existierenden in dieser Welt hörbar sein. Erst dann „sprechen" die Essenzen!

---

[18] Joachim-Ernst Berendt, *Nada Brahma - die Welt ist Klang*, Rowohlt Taschenbuch Verlag, Hamburg, 1985. Die 17. (!) Auflage erschien im Jahr 2001, Insel Verlag, Frankfurt am Main.

Kein Phänomen seiend, sondern nur ein geistiger Zustand, unmöglich zu messen oder zu beschreiben, ist die *Ruhe* nicht nur der Weg zu der „*philosophischen*" *Null*, sondern gehört auch zu dieser, somit reiht sie sich auch in die Welt *ante rem*.

Wir zeigten oben, dass *das Schweigen der psychologische Korrelat der „mathematischen" Null* ist und, dass die beiden *operierende Agenten* sind. Es ist jetzt der Moment gekommen, zu sagen, dass *die Ruhe der geistige Korrelat der „philosophischen" Null* ist und, dass die beiden *generativ* und *kausal* sind.

Durch die Tatsache, dass die *Ruhe* den Zugang zu der Welt jenseits der Phänomene ermöglicht, beweist sie *Weisheit* und ist eng verbunden mit dieser. Die *Weisheit* kann ohne *Ruhe* nicht entstehen und die *Ruhe* hat zweifellos *Weisheit*.

Gott! Gib uns heute die Weisheit der Ruhe, denn nur durch sie können wir morgen die Ruhe der Weisheit erreichen!

Farbe und Sein

I - EINLEITUNG

Die Welt erscheint dem menschlichen Wesen in ihrer vollen Erhabenheit, in ihrer unermesslichen Vielfalt und Schönheit. Für die Welt ist der Mensch indifferent. Die Welt kann auch ohne das menschliche Wesen existieren! Dieser Rapport ist aber nicht gegenseitig: Für das menschliche Wesen ist die Welt überhaupt nicht indifferent. Das menschliche Wesen kann nur *in* der Welt und *durch* diese existieren – es gehört ihr, ist Teil von ihr. Kurzum: Die Welt ist von dem Menschen unabhängig, während der Mensch von der Welt abhängig ist.

Gerade deswegen hat das menschliche Wesen – hier und in den folgenden Seiten als *Subjekt* verstanden und genannt – schon vom ersten „Augenblick" nach seiner Entstehung die Welt, von welcher es abhängt, kennen *wollen* und kennen *müssen*. Der Prozess des Erkennens der Welt – hier und in den folgenden Seiten als *Objekt* verstanden und genannt – dauerte vom Beginn der Existenz des Subjektes an, und wird ebenso lange wie das Subjekt selbst dauern. Nur durch den beachtlichen Umfang und der erstaunlichen Tiefe des Erkenntnisprozesses gelang dem menschlichen Subjekt seine verblüffende Emanzipation im Vergleich mit anderen Lebewesen. Es ist fast überflüssig zu wiederholen, das die Fähigkeit des Menschen zu denken, also auch zu erkennen, den spezifischen Unterschied zwischen ihm und den Tieren ist und zugleich auch der essenziale Punkt bei der Definition des Menschen ist. Diese einmalige Fähigkeit des Manschens, zu denken und zu erkennen, ist sein „Ehrenwappen".

Die sehr komplexen Prozesse des Erkennens sind das Objekt der *Erkenntnistheorie*, die, ohne Zweifel, eine der wichtigsten Themen der Philosophie ist. In diesem Text werden wir uns nicht von vornherein und eingehend mit der Erkenntnistheorie befassen, sondern wir werden nur einige Ideen davon erwähnen, und zwar nur in strikter Verbindung mit einem oder anderem ins Gespräch gebrachten Themas.

Als Einleitung zu unserem Hauptthema – die Farben – ist zuerst nötig zu erwähnen, dass das *Erkennen* nicht immer das gleiche bedeutet, wie es der Fall in der alltäglichen Sprache ist. Es gibt ein Erkennen auf *physischem* Niveau und ein anderes auf *metaphysischem* Niveau. Das erste hat als Ziel, die Welt in ihrer phänomenalen, konkreten d. h. materiellen Manifestation zu erkennen, während das zweite (metaphysisches Erkennen) sich vornimmt, das Verstehen und vor allem die Ideen zu erkennen und zu formulieren, die von den Ergebnissen der ersten (physisches Erkennen), abzuleiten sind. In der Regel ist das sinnliche und unmittelbare Erkennen auf physischem Niveau, bis zu einem gewissen Punkt, die primäre Bedingung des zweiten, metaphysischen, Erkennens. Wir sagten „bis zu einem gewissen Punkt" denn das metaphysische Erkennen nimmt sich auch Ziele und Themen vor, deren Ursprung nicht mehr in der konkreten physischen Welt der Phänomene ist.

Es muss noch erinnert werden, dass auch das *wissenschaftliche* Erkennen wichtig ist. Dieses hat in der Regel als Ziel auch den physischen Aspekt der phänomenalen Welt in ihrer Manifestation, aber seine Ergebnisse sind, was den Inhalt betrifft, sehr unterschiedlich zu dem alltäglichen Erkennen und auch zu dem philosophischen (sowohl physischen- als auch metaphysischen) Erkennen[19].

---

[19] In dem I. Band einer beachtlichen Textensammlung mit dem Titel *Philosophie de l'esprit* (Paris, ed. Vrin, 2012), unternimmt W. Sellars in seiner Abhandlung *La philosophie et l'image scientifique de l'homme* (p.55-115) einen sehr interessanten und subtilen Vergleich zwischen dem *manifestierten* und dem *wissenschaftlichen* Bild der Welt.

Im Sinne der Perspektive des Erkenntnisaktes können sogar drei Arten von Erkenntnissen ausgelotet werden: Ein *makro*-skopisches (kann auch *tele*-skopisch genannt werden), ein *mezzo*-skopisches und ein *mikro*-skopisches. Es ist evident, dass der Bereich der *makroskopischen* Erkenntnis/Anschau/Perspektive nicht mehr unsere gewohnte, physisch antastbare Welt ist, sondern das weite Universum, die interstellaren Räume, die schwarzen Löcher, die Antimaterie usw. sind. Ebenso evident ist auch, dass die *mikroskopische* Perspektive/Sicht zwecks Erkenntnis als Ziel und Bereich die sogenannte „kleine Unendlichkeit" unserer physisch antastbaren Welt hat und ihre Termini heißen Atome, Elektronen, Protonen, Quanten etc. Schließlich ist es wieder evident dass, sowohl die makroskopische als auch die mikroskopische Perspektive in den Bereich der *wissenschaftlichen Erkenntnis* einzuordnen sind. Die *mezzoskopische* Perspektive/Sicht der Erkenntnis hat als Bereich, wie die mikroskopische, auch unsere physisch antastbare Welt, aber in einem gewissem Sinn ist sie nicht mehr exklusiv wissenschaftlich, weil sie die typischen Investigationsmittel- und Techniken der Wissenschaft nicht benutzt. Sie verlässt sich auf unsere natürlichen Fähigkeiten zu *perzipieren* und zu *denken*. Das Subjekt in seiner *natürlichen* Form und vor allem mit seinen *natürlichen* Möglichkeiten ist der einzige Autor der Erkenntnis in mezzoskopischer Perspektive. Eben deswegen geht die Erkenntnistheorie immer von den Ergebnissen der mezzoskopischen Erkenntnis aus – denn sie will die Fähigkeit *des Menschen* zu erkennen und aufschlüsseln; sie will die Erkenntnis des Objektes *durch das Subjekt*, mit und durch die spezifische Beschaffenheit des letzteren, analysieren. Unter diesen Umständen sind für die Philosophie die Beiträge der wissenschaftlichen Erkenntnisse (im Allgemeinen und auch mikro- oder makroskopische) willkommen, sehr wichtig, aber nur korrektiv-orientative, denn in der humanen Perspektive sind sie nur ergänzend. (In diesem Essay werden wir einige fruchtbare gegenseitige Einflüsse zwischen den verschiedenen Typen der Erkenntnisse zeigen)

Um eine direkte Verbindung zu unserem Thema machen zu können, skizzieren wir zuvor die „Etappen" (Hauptpunkte) des Prozesses der Erkenntnis im Sinne von Immanuel Kant: **1-** *die Sensibilität/Sensation* (den unmittelbaren/sinnlichen Kontakt mit dem zu erkennenden Objekt von der empirischen Welt, was in dem modernen Wortgebrauch *Wahrnehmung* oder *Perzeption* heißt) ➔ **2 -** *die Intuition* (räumliche und zeitliche definieren/einordnen des Objektes, was mit *Verstand* gleich ist) ➔ **3 -** *die Kategorien* (die sind die konstitutive Form des Denkens) ➔ **4** *- die Urteile* (analytische und synthetische) ➔ **5 -** *die Ideen*.

Jeder Erkenntnisakt, der nicht mit der sensiblen Intuition beginnt und nicht auf der empirischen Erfahrung gründet, hat keine Gültigkeit, und führt nicht zu einer Erkenntnis. Geglaubte Kenntnisse von außerhalb dem Erfahrungsbereich zu benutzen, bedeutet im theoretischen Plan eine chimärische Überschreitung der Grenzen der Vernunft. Kant nennt das Schwärmerei, die zu Fanatismus und Dogmatismus führt. Zitat: *„...alle Vernunft (...) niemals über das Feld möglicher Erfahrung hinaus kommen könne (...) die eigentliche Bestimmung dieses obersten Erkenntnisvermögen* (die Vernunft) *sei, sich alle Methoden und der Grundsätze derselben nur zu bedienen, um die Natur ... bis in ihr Innerstes nachzugehen, niemals aber ihre Grenzen zu überfliegen, außerhalb welcher **für uns*** (Kants Unterstreichung!) *nichts als leerer Raum ist"* (*Kritik der reinen Vernunft*, B 730). In demselben monumentalen Text, behauptet Kant, dass etwas jenseits der Limit der Sensibilität (Wahrnehmung/Erfahrung) sehen zu wollen, eine Verrücktheit ist. Kants skizzierte Prinzipien und Mechanismen des Prozesses der Erkenntnis sind im Prinzip auch für die wissenschaftliche Erkenntnis gültig. Jedoch ist hier von Nöten die Erwähnung einer Einschränkung: Oft ist in dem wissenschaftlichen Erkennungsakt im Allgemeinen und besonders in dem, in der makroskopischen Perspektive, just der Punkt **1** (den unmittelbaren/sinnlichen Kontakt mit dem zu erkennenden Objekt von der empirischen Welt, also die *Perzeption*) nicht mehr praktikabel, sondern ersetzt durch wissenschaftlich-technische Mittel, wie z. B. Berechnungen.

In unserem Text fokussiert sich das Interesse vorwiegend auf den Punkt **1** des Erkenntnisprozesses (siehe oben), nämlich auf die *Perzeption* und auf die *Empfindung*, die diese im *Subjekt* verursacht. Unter diesen Umständen erscheint opportun den ersten Satz dieses Textes umzuschreiben, zwar bereichert und nuancierter: Die Welt *bietet sich der menschlichen Wahrnehmung an*, in ihrer vollen Erhabenheit, in ihrer unermesslichen Vielfalt und Schönheit. Diese Tatsache ist die Chance des *Subjektes*, sein *Objekt* (die Welt) zu kennen!

Von aller Art Perzeptionen, die ein Subjekt im wach- und normalen Zustand (also ohne funktionelle Anomalien, mit welchen wir uns in diesem Essay nicht befassen werden) haben kann, sind diejenigen, die den Sehsinn ansprechen, die häufigsten und vielleicht auch die wichtigsten. Im Rahmen der empirischen Perzeptionen ist der Mensch vor allem „ein Auge". Obwohl die anderen Arten von Perzeptionen – taktile (Tastsinn), auditive (Gehörsinn), olfaktive (Geruchssinn) und gustative (Geschmackssinn), um nur die bekanntesten zu nennen – auch wichtig und oft entscheidend sind, affektieren/reizen sie, quantitativ gesehen, viel weniger (siehe seltener) den humanen Perzeptionsapparat. Tatsächlich perzipieren/wahrnehmen wir taktil einen Gegenstand nur dann, wenn wir ihn berühren, was alltäglich ziemlich oft passiert, aber doch nicht so oft, wie wir etwas sehen oder betrachten d. h. den ganzen Tag ununterbrochen. Das Gleiche mit den auditiven Perzeptionen: Sie passieren auch sehr häufig an einem Tag, aber doch nicht ununterbrochen, wie die visuellen Perzeptionen. Die gustative und olfaktive Perzeptionen (sehr oft gekoppelt) geschehen bei den Menschen nur wenige Male am Tag, im Gegensatz zu den Tieren, für welche besonders die olfaktiven Perzeptionen, viel schärfer und differenzierter sind als bei den Menschen. So werden sie für die Tiere das Hauptinstrument und Mittel des Kontaktes mit der Welt – wie beim Mensch die visuellen Perzeptionen sind. Es ist noch hinzuzufügen, dass alle diese fünf Arten von Perzeptionen sehr oft zusammen arbeiten und in der Regel bestätigen sie sich gegenseitig.

Wichtig ist, dass die visuellen Perzeptionen bei dem Menschen sehr nuanciert sind. Ohne ein zu großes Risiko zu wagen, könnten wir die visuellen Perzeptionen bei dem Mensch in drei Kategorien aufteilen: **A** - die Perzeption der *Formen*, **B** - die Perzeption der *Lichtintensität* und **C** - die Perzeption der *Farben*.

Die *Perzeption der Formen* (**A**) hat im Sinne der von Kant formulierten „Etappen" (Hauptpunkte) des Prozesses der Erkenntnis eine außerordentliche Effizienz. Sie ermöglicht einen schnellen Übergang zu dem Punkt **2** des Erkenntnisprozesses – also zu der Intuition d. h. zu dem räumlichen und zeitlichen definieren/einordnen des Objektes, was mit *Verstand* gleich ist. Zusätzlich ermöglicht sie auch die Wahrnehmung der *Bewegung* und der *Geschwindigkeit* eines Objektes. Noch mehr: Mittels Perzeption der Formen ist auch möglich unmittelbar weiter zu Punkt **3** des Erkenntnisprozesses zu gelangen, siehe zu den konstitutiven Formen des Denkens. Mit anderen Worten, im Rahmen der Perzeption der Formen ist ein rascher Übergang von der *Perzeption* zu einem *univoken Konzept* durchaus möglich. Damit ist der Weg zu den analytischen und synthetischen *Urteilen* (**4**) und auch weiter zu dem letzten Punkt (**5**), die *Ideen*, offen! Hier ein banales aber sehr eloquentes Beispiel: Das massige Objekt, das ich durch das Fenster meines Arbeitszimmers betrachte ist ein Haus. Ich begreife das anhand der *Form* dieses Objektes, die in keinem Fall mich (irre)leiten würde, dass ich eine enorme Zisterne oder einen Berg wahrnehme. Durch die *Formen*, die die Struktur der Fassade aufweisen, begreife ich sofort, dass dieses Haus eine Fassade aus

Ziegelsteinen hat. Bei einer weiteren achtsamen Betrachtung, stelle ich auch fest, dass jedes kleine Viereck der Ziegelsteine Einkerbungen, Dellen und Beulen, die auch *Formen* sind, aufweist. Das leitet mich zu der Idee, dass die Oberfläche der Fassade rau und gar nicht glatt ist. Hier sind mehrere Konzepte – Haus, Ziegelsteine und raue Oberfläche – zu welchen ich sofort und unverzüglich durch die wahrgenommenen/perzipierten *Formen* komme. Wenn ich ein Automobil betrachtet hätte, hätte ich durch seine *Form* sofort begriffen, dass, was ich betrachte, ein Automobil und nicht etwa ein Traktor ist. Dank dem Punkt **2** des Erkenntnisaktes (räumliche und zeitliche definieren/einordnen) hätte ich in diesem Fall auch in Erfahrung gebracht, ob dieses Automobil in Bewegung ist, und wenn ja, dann mit welcher (approximativen) Geschwindigkeit. Theoretisch ist die sofortige Verbindung Perzeption-Konzept im Falle der Perzeption der Formen keine Überraschung, sondern sehr natürlich und logisch, denn, wie es bekannt ist, jede zwei- oder dreidimensionale Form ist unweigerlich mit dem Raum verbunden (die „besitzt" Raum) und wiederrum ist der Raum nicht zu denken ohne die Zeit. Es ist klar, dass in der „Trinität" Form-Raum-Zeit alle unabdingbaren Bedingungen der Erkenntnis erfüllt sind, um jenseits der Perzeption, in den Bereich des Konzeptes zu übergehen. Dabei darf es nicht vergessen werden, dass die Verbindung Perzeption-univoker/sicherer Konzept nur mit der Hilfe von den *apriorischen* Kenntnissen (sagt Kant) möglich ist, also mit Hilfe des Gedächtnisses, eigentlich mit Hilfe von vorherigen Erfahrungen.

Im Falle der *Perzeption der Lichtintensität* (**B**) relativieren sich mit Evidenz die Umstände. Obwohl die Werteskala zwischen absoluter Finsternis (totale Abwesenheit des Lichtes) und maxime Intensität des Lichtes (sagen wir an dem Limit der Aufnahmefähigkeit des menschlichen Auges) fast infinit ist was ihre verschiedenen Grade betrifft, kann der Weg von der Perzeption zu einem univoken/sicheren Konzept nur zwei eindeutige Endstationen haben: *Finsternis* und/oder *Licht*. Die Zwischengrade oder Nuancen finden keine univoken Konzepte, sondern nur äquivoke/mehrdeutige Ausdrücke wie „etwa dunkler", „blendendes Licht", „halbdunkel" etc. – alle sehr abhängig von dem „persönlichen" Bewertungssystem des Subjektes, absolut unpräzise und anmutend eine Art „wissenschaftliche Folklore". Jedoch muss vermerkt und geschätzt werden, dass Dank der verschiedenen Graden der Lichtintensität erscheint die visuelle Perzeption „im Relief" (siehe das „Spiel" zwischen Licht und Schatten). Diese Tatsache bedeutet einen beachtlichen Gewinn, was die Qualität des Bildes betrifft, und dadurch bedeutet sie auch ein Plus der Quantität der Informationen, die dieses Bild übermittelt. (Bei der kurzen Beschreibung der Anatomie des menschlichen Auges, werden wir zu diesem Thema zurückkommen)

Im Rahmen der *Perzeption der Farben* (**C**) haben die Umstände noch mehr Ambiguität. Wir können von vornherein sagen, dass die Perzeption der Farben nicht weiter mit Klarheit über die einfache Empfindung, die diese im Subjekt verursacht, geht. Die „Konzepten" zu welchen diese Empfindung führen, besser gesagt führen sollten, sind keine richtigen Konzepte, sie sind arbiträr/willkürlich und funktionieren eher als künstliche *Benennungen*. Es ist so, denn es ist fast unmöglich die „Konzepte" von Rot, Grün, Gelb etc. zu analysieren. Jeder Versuch z. B. das „Rot" zu analysieren wird automatisch zu der *Empfindung von Rot* zurückfallen, d. h. sich von dem gewünschten, aber unerreichbaren, konzeptuell-analytischen Bereich zu entfernen. Das ist von der Tatsache verursacht, dass bei einer Erkenntnis in mezzoskopischer Perspektive, durchgeführt ausschließlich mit den humanen Möglichkeiten des Subjektes und mit der Perzeption beginnend, die Rot-Empfindung (oder jeder anderen Farbe) weder im Raum noch in der Zeit definierbar/einzuordnen ist. Folglich hat die Empfindung einer Farbe keinerlei Maßen/Dimensionen (In der wissenschaftlichen Erkenntnis, z. B. in Physik, ist die Situation radikal anders. Wir werden darauf kommen!). Was wie ein univokes Konzept funktionieren sollte, aufgrund dessen Raum-Zeit Situationen definiert werden könnten (Verstand) (**2**), zu welchen die konstitutiven Formen des Denkens (Kategorien) (**3**) angewendet werden könnten, und auf dieser Basis die analytischen und synthetischen Urteile (**4**) formuliert werden könnten, um endlich an die Ideen (**5**) zu gelangen, degradiert sich im Falle der Farben zu einer konventionellen *Benennung*: Rot, Gelb, Blau, Grün etc. Es gibt nicht mehr als 7 bis 9 solche konventionellen Benennungen, die fast nichts aussagen (die orientieren sich gewöhnlich nach den Regenbogen- oder Lichtspektrum Farben). Als ob gewollt wäre, die Ambiguität zu Vermehren, für die anderen Farbnuancen und für die sogenannten binären oder trinären Farben (Kompositen) – man sagt, insgesamt ca. 20.000 – entstehen zusätzlich nur einige Dutzend merkwürdiger Ausdrücke wie „Bordeaux-Rot", „Ceruleum", „Preußisch-Blau", „Bonbon-Rosa", „Capum mortum" etc. Noch merkwürdiger bis zur Lächerlichkeit sind: „Grünlich", „Gelblich" „Schokoladig" und andere lexikale Undinge, die nur zeigen, dass *die Sprache* (die Konzepte!) *vor dem Phänomen der Farben scheitert*. Ähnlich zeigt sich die Situation im Falle der akustischen Perzeption, besonders bei der Musik. Kann jemand einen gewissen Ton beschreiben ohne in billige Poesie, in Metaphern oder seltsame Vergleiche zu fallen?

In Bezug auf die *Perzeption der Farben*, erscheint es sinnvoll zu sein, einige Eigenschaften des Phänomens Farbe zu erwähnen, die besonders eine philosophische Untersuchung sehr erschweren. Um Missverständnisse zu vermeiden, notieren wir diese mit **a**, **b**, **c** etc.

    a. Ein Objekt kann einem Subjekt so erscheinen, als ob es die Farbnuance „x" hat, und dasselbe Objekt kann einem anderen Subjekt mit der Farbnuance „y" erscheinen. Das führt zu der Idee, dass die Farbperzeption ziemlich *unpräzise* ist.

b. Ein und dasselbe Objekt kann in einer Farbe erscheinen und, in anderen Lichtverhältnissen, erscheint dieses mit einer anderen Farbe. Es ist der Fall des Meeres und des Himmels, die blau, violett oder grau erscheinen können, ebenso wie eine weiße Mauer, die beim Sonnenuntergang „rötlich" zu sein scheint. Wir verstehen davon, dass die Farbperzeption *situativ* ist.

c. Es gibt Objekte, die „mehrere Farben" haben, wie Perlmutt oder das vulkanische Gestein Porphyr. Das bedeutet, dass *nicht immer* einem Objekt *eine einzige, sichere und stabile Farbe* zuzuschreiben ist, die auch als *Eigenschaft* des Objektes gilt.

d. Eine einzige Farbe kann in identischen Nuancen in mehreren Objekte erscheinen (z. B. der Feuerwehrwagen, eine gewisse Frucht und eine Rose). Das beweist, dass keine Farbe als *spezifische Eigenschaft* eines Objektes verstanden werden darf.

Wegen der Schwierigkeiten, eine Farbe zu einem *univoken Konzept* zu reduzieren, wegen der Tatsache, dass im Rahmen der natürlichen Perzeption eine Farbe *keinerlei Maßen/Dimensionen* hat, noch wegen der Tatsache, dass die Farbrezeption *unpräzise* und *situativ* ist, letztendlich wegen des Risikos, eine Farbe als *spezifische Eigenschaft eines Objektes* zu betrachten, war und ist immer noch das Phänomen Farbe ein sehr kontrovers diskutiertes Thema (zumindest in der Philosophie). Durch ihre funktionelle Ambiguität, hat die Farbe ab und zu einige Denker sogar irregeführt! Eine beachtliche Zahl Denker aus allen Bereichen der Erkenntnis waren und sind immer noch mit der Farbe beschäftigt: Philosophen, die über Farbe physisch und metaphysisch denken, Physiker, die die Farbe wissenschaftlich, sowohl in mikroskopischer als auch in makroskopischer Perspektive, noch tiefer zu kennen versuchen, Sprachtheoretiker, die die kritische Situation der Sprache im Falle der Farben analysieren, Psychologen, Physiologen und Neurologen, die die Prozesse der Farbrezeption, die *im Subjekt* stattfinden, zu klären versuchen. Selbstverständlich haben auch die Maler, die Fotografen und die Kunsttheoretiker wichtige Beiträge zum Verstehen der Farben und ihrer „Funktionsweise" gebracht.

Es ist klar: Um ein Essay über die Farben schreiben zu können, ist eine sehr umfassende (etwa 2.500 Seiten!) interdisziplinäre Dokumentation unbedingt nötig. Die Bibliographie, die über und für das Phänomen Farben zu Verfügung steht, ist mit Sicherheit viel umfangreicher, sie ist, kann man sagen, enorm! Um zu dem essayistischen Teil dieser Abhandlung zu gelangen, in der auch persönliche Meinungen ausgedrückt werden, und besonders diese letztere begründen zu können, ist es zuerst nötig einen, so kurz wie möglich, Überblick über das, was die *Philosophie*, die *Physik* und die *Neurophysiologie* (mit kurzen Stationen in der Anatomie) über das Phänomen Farben sagt.

***

II - DOKUMENTARISCHER TEIL

WAS SAGT DIE P H I L O S O P H I E ÜBER DIE FARBEN ?

Der vorsokratische Philosoph Demokrit (460-370 vor Christus) geboren in Abdera, eine ionische Kolonie in Thrakien, und anerkannt als einer der gelehrtesten Denker der Antike, ist vielleicht der Erste, der über Farben nachdachte. Er *„leugnet die objektive Wirklichkeit der Farbe"* (Aristoteles Bericht) und *„erklärt, in Wirklichkeit gäbe es überhaupt keine Farbe"* (Bericht von Aetius). In beiden Zitaten setzt Demokrit fort, dass *„der Eindruck einer Farbe entstehe nur infolge der Lage der Atome"* von welcher das betrachtete Objekt gebildet ist (Bericht von Aristoteles) und entsprechend des Berichtes von Aetius sagt er auch, dass *die Atome „sämtlich farblos sind"* und nur durch ihre *„Anordnung, Gestalt und Lage"* entstehen die *„Farbeneindrücke"*[20].

Es ist nicht zu übersehen, dass Demokrtits Aussagen über die Farben zwei präzise Adressen, zwei „Kerne" sozusagen haben: **1-** *Farben gibt es nicht in Wirklichkeit*, also sind sie nur subjektive Eindrücke und **2-** Nicht die Eigenschaften als solche eines Objektes, sondern nur die Anordnung der farblosen Atome, die dieses Objekt bilden, *verursachen* im Betrachter den *Eindruck* der Farbe. Die zweite Aussage war zu erwarten, denn Demokrit war der Schüler von Leukippos, der Begründer der Atomtheorie! Davon ist nicht zu verstehen, dass Demokrit gependelt hätte, oder unentschlossen wäre, der Ursprung der Farbe *dem Subjekt* (siehe: subjektive Eindrücke, eine Farbe zu sehen), oder *dem Objekt* (siehe: Anordnung, Gestalt und Lage der Atome) zuzuschreiben. Obwohl die Theorie der Anordnung der Atome als entscheidend für den Farbeindruck heute ziemlich primitiv erscheint, ist bei Demokrit zu schätzen, dass er dadurch eine kausale Explikation für das Phänomen Farbe geben wollte, mit anderen Worten, wollte er das *Subjekt mit dem Objekt logisch verbinden* – sonst wären die Farben nur als unerklärbare Halluzinationen verstanden!

Das humane Denken hatte ca. 2.300 Jahre nötig gehabt, um heute, sehr eloquent, präzise und nuanciert, die kausale Verbindung Subjekt-Objekt bei Farbperzeption zu analysieren und zu beweisen. In dem tiefsten Sinn ihres Ziels ist Demokrits Theorie verblüffend wahr! Aber leider wurde, besonders in der Philosophie, immens viel Zeit verloren (und wird jetzt noch immer verloren!) mit einem fast ununterbrochenen Streit, um die Frage, die schon Demokrit stellte und teilweise auch antwortete(!), nämlich ob die Farben ihren Ursprung im Objekt, oder im Subjekt haben. Anders ausgedrückt ist die Frage: Ob die Quelle der Farben *psy-*

---

[20] Beide Zitate, absichtlich ineinander verbunden, Wilhelm Capelle, *Die Vorsokratiker*, Kröner Verlag, 1968.

chogen (Subjektivismus), oder *hylogen*[21] (Objektivismus) ist, d. h. sie gehört der Materie/Substanz, die das betrachtete Objekt bildet.

Aristoteles nimmt mit Entschiedenheit Abstand von der Theorie des Demokrits und versteht den Ursprung der Farben als eine *intrinsische und spezifische Eigenschaft des Objektes*. Weiter erklärt er, dass die Fähigkeit des Subjektes, diese Eigenschaft (bzw. Farben) zu perzipieren/wahrnehmen, nur ein Prozess der Assimilation und Aktualisierung dieser in dem Perzeptionsapparat (bzw. in dem Auge) ist[22]. Diese Theorie wurde von allen geistigen Nachkommen des Meisters übernommen, die sogenannten „Aristoteliker", und herrschte in der Philosophie ca. 1000 Jahre. Wie wir sehen werden, hat heute auch diese Theorie einige Anhänger (der Objektivismus).

Erst im 17. Jahrhundert kommt auch der Moment der Infragestellung der aristotelischen Theorie über die Farben, wie eine unmittelbare und logische Wirkung der Erneuerungen der Renaissance (der Humanismus, der Abstand von dem Autoritarismus, das Vertrauen in der Vernunft und in der eigenen Erfahrung, die deutliche Vermehrung der Kenntnisse im Bereich der Physik und Astronomie etc. etc.). Der französische Philosoph René Descartes widersetzt sich mit Nachdruck allen Meinungen von aristotelischer Prägung, das die Farbperzeption eine Assimilation und Aktualisierung der intrinsischen Eigenschaften des Objektes (siehe die Farben) im Subjekt wäre. In mehreren seiner Schriften – *Traité de la Lumière, La Dioptrique, Meditationes de prima philosophia, Principia philosophiae, Regulae ad directionem ingenii* etc. – befasst er sich mit dem Problem der Farben

---

[21] Der Ursprung des Wortes ist das Altgriechische ὕλη (hylê), das Holz, Wald, Baumaterial bedeutet, aber auch Materie/Substanz im philosophischen Sinn (in der Regel als Gegensatz zu dem Begriff Form).
[22] Aristoteles formuliert diese Meinung zuerst in *De Anima/Über die Seele* II, 6-7.

und deren Perzeption und damit legt er die bis heute weitgehend gültigen Grundlagen des Verstehens dieses Phänomens fest. Seine *Traité de la Lumière* (*Abhandlung über das Licht*) beginnt Descartes mit einigen Sätzen von höchster Wichtigkeit für das Verstehen der Perzeption. Obwohl diese Arbeit posthum erschienen ist (der Autor hat im Jahr 1633 diesen Text nicht, sofort nachdem er ihn geschrieben hat, zum Drucken freigegeben, um Galilei, dem gerade die Inquisition einen Prozess machte, zu schonen), die Sätze, die folgen, können verstanden werden als Beginn der Bemühungen des Philosophen, die Perzeption zu erläutern. *„Da ich mir vornehme, hier das Licht zu behandeln, will ich Sie zuerst darüber unterrichten, daß es einen Unterschied geben kann zwischen der Empfindung, die wir von ihm haben, d. h. der Idee, die sich davon mittels unserer Augen in unserer Einbildung formt, und dem, was in den Gegenständen liegt und in uns diese Empfindung hervorruft ..."*[23].

Davon ist zu verstehen, dass der Philosoph der Meinung ist, dass die Perzeptionen einen trügerischen Charakter haben, dass sie ein autonomes „internes Leben" haben, und sie nicht unmittelbar etwas Sicheres über die Struktur des Objektes mitteilen. In der dritten Meditation von seinem Buch *Meditationes* sagt Descartes über Perzeptionen, dass sie *„ein Nicht-Ding repräsentieren, als ob es ein Ding wäre"*. Besonders in Bezug auf die Farbperzeption bekommen diese Behauptungen eine unbestreitbare Gültigkeit – wir haben schon in der Einleitung dieses Essays skizziert, dass die Farbwahrnehmung *unpräzise* und *situativ* ist,

---

[23] René Descartes, *Le Monde ou Traité de la Lumière/Die Welt oder Abhandlung über das Licht* in einer exzellenten zweisprachigen Auflage (Übersetzung von Mathias Tripp), erschienen in VCH Verlagsgesellschaft, Kollektion Acta humanoida, Weinheim, 1989. Die französisch sprachigen Leser können beim Lesen des Originaltextes einen wahren Genuss erfahren, denn dieser ist im Buch in seiner ursprünglichen Form (Altfranzösisch) reproduziert und hat einen besonderen Charme.

und dass die Farbe, so, wie wir sie perzipieren, nicht als eine *bestimmende* und *spezifische Eigenschaft* eines Objektes betrachtet werden darf (wir werden auf das Thema zurückkommen!). Aber Descartes wäre nicht Descartes – der Begründer des modernen Rationalismus – wenn er nicht wiederholt vor der Gefahr gewarnt hätte, dass gerade die Empfindungen und die Emotionen (siehe deren Faszinationskraft!) für das klare Denken Elemente sind, die von der Perzeptionen mit „trügerischem Charakter" generiert werden. In dem Synopsis zu den *Meditationes* empfiehlt Descartes *„unser Geist zu gewöhnen, sich von den Empfindungen zu trennen"* (a accoutumer notre esprit à se détacher des sens).

Die Zusammenfassung Descartes Meinungen über die Farbe könnte wie folgt ausgedrückt werden: Wenn ich, z. B. Zitronen betrachte, reflektieren diese Lichtstrahlen, die meine Augen durchdringen und den Sehnerv reizen. Dieser Reiz wird zum Gehirn geleitet, wo eine gewisse Konfiguration/Anordnung von *Korpuskeln* entsteht (zentrale Idee bei Descartes!), die wiederum den Geist veranlasst einen gewissen Zustand zu haben, dank welchem die Zitronen mir gelb erscheinen. Vom Standpunkt des heutigen Wissens, sei auch nur bei dem Niveau der Allgemeinbildung, sagt uns diese Theorie nichts Neues. Aber in Descartes's Zeit war diese sogar eine Revolution! Tatsächlich, wenn wir einige Begriffe ersetzen würden – vor allem „Korpuskeln" – würden wir zu der heutigen wissenschaftlichen Theorie der Farben gelangen! (wir werden zurückkommen). Zuerst halten wir daran fest, dass der französische Philosoph für eine klare *kausale Kette* in der Theorie und der Perzeption der Farben plädiert. Auch ist festzuhalten, dass Descartes behauptet, dass, was wir Farbe nennen, *nicht eine reale Eigenschaft des Objektes ist.*

Doch bei einer genaueren Betrachtung komplizieren sich diese Ideen, besonders wegen jener *Korpuskeln*. Dominik Perler, Philosophie Professor an der Humboldt Universität in Berlin, bemerkt in einem Studium über Descartes und die Farben[24], dass der Philosoph zwei sehr schwierige Aufgaben auf sich genommen hat. *„Erstens: Farben sind keine realen Eigenschaften, die den geometrischen Eigenschaften der Gegenstände irgendwie hinzugefügt werden, sondern selber geometrische Eigenschaften. Zweitens: Die Wahrnehmung von Farben erfordert keine Übertragung von* **realen** *Eigenschaften auf eine wahrnehmende Person, sondern lediglich das Auftreffen von Lichtstrahlen auf den Augen einer solchen Person ..."* (Seite 21).

Auch wenn Descartes diese beiden Aufgaben nicht vollkommen erledigt, kommt er im Rahmen seiner Demonstrationen auf mehrere sehr wertvolle Konklusionen im Bereich der Theorie der Perzeption und im Bereich der Erkenntnistheorie im Allgemeinen: Im Falle der Farben gibt es kein anderes Wesen außer dem menschlichen Geist; die Perzeption der Farben hat keine intrinsische Intentionalität, aber mit Sicherheit einen gewissen repräsentativen Inhalt; und schließlich, die Perzeption/Wahrnehmung einer Farbe ist der unbedingt notwendige erste Schritt für die konkrete Erkenntnis der *geometrischen* Eigenschaften eines Objektes. Ein Kompromiss? Nicht unbedingt, denn der Philosoph kommt von hier zu der Endkonklusion, dass der *menschliche Geist* (der Autor der wahren Erkenntnis) befindet sich in *enger Verbindung* – ja, sogar Mitarbeit! – mit dem *Körper* (in welchem die Perzeptionen passieren). Diese letzte Idee hat eine unverkennbare kantsche Nuance *avant la lettre!*

Wir sehen also bei Descartes eine Menge neuer Ideen, eigentlich eine Geburt der wissenschaftlichen Gedanken über die Farben (und nicht nur darüber!). Nur wenn jene *Korpuskeln*, de-

---

[24] Dominik Perler, *Descartes über die Farben*, in der Textensammlung *Farben – Betrachtungen aus Philosophie und Naturwissenschaften*, herausgegeben von Jakob Steinbrenner und Stefan Glasauer, Suhrkamp Verlag, Kollektion Wissenschaft, Frankfurt/Main 2007.

ren *geometrische Anordnung* und deren *kinematischer* Charakter nicht wären ... Der Philosoph bleibt mit einer plausiblen Erklärung dieser schuldig, jedoch ohne eine Schuld zu haben, dass er lange vor den großen Entdeckungen der Atomphysik des 19. Jahrhunderts gelebt hat und vielleicht „Opfer" der wissenschaftlichen „Mode" seiner Zeit geworden ist.

Die wissenschaftliche Arbeit von Descartes über die Farben erscheint mir als eine Neubewertung und elegante, kluge Nuancierung der Meinungen des alten Demokrits zu sein. Der Franzose unternimmt einen Wechsel der Aufmerksamkeits-Schwerpunkte von dem *hylogenen*, wie Aristoteles glaubte, zu dem *psychogenen* Ursprung der Farben. Er ebnet damit den Weg für alle subjektivistischen Interpretationen des Phänomens Farbe, die nach ihm bis zu dem heutigen Tag folgten.

Der englische Philosoph John Locke (1632-1704), prominenter Vertreter des Empirismus, mit einer berühmten Gelehrsamkeit, hat durch seine Schriften in vielen und sehr unterschiedlichen Bereichen interessante Beiträge gebracht: in Philosophie, Pädagogik, Politik, über die Kunst zu Regieren (er war auch der Hauptberater von Shaftesbury), über die Finanzpolitik etc. Es ist auch daran zu erinnern, dass wegen seiner extrem liberalen Ideen – er empfahl die Reduzierung der Staatsmacht auf ein Minimum und sogar die Einführung einer konstitutionellen Regierung (und das im 17. Jahrhundert!) – und besonders wegen seiner Schrift *Ein Brief über die Toleranz* (1667) wurde Locke dem englischen Behörden suspekt und musste nach Holland fliehen, wo er unter einem falschen Namen lebte. Es ist allgemein anerkannt, dass das Denken von John Locke die Grundlage der Ideen der im nächsten Jahrhundert (18.) aufblühenden Aufklärung ist. Er gilt überhaupt als Vater des Liberalismus. Auch das Grundgesetz der Vereinigten Staaten ist stark inspiriert von John Lockes Ideen.

Aber für unser Thema ist von großer Wichtigkeit die philosophische Hauptabhandlung von Locke *An Essay concerning Human Understanding* (1690) zu Deutsch: *Versuch über den menschlichen Verstand*. Das Prinzip, das als Basis dieser Arbeit steht, wir können sagen sogar das Credo des Philosophen, ist: *„Nihil est in intellectu, quod non ante fuerit in sensu"*, d. h. Nichts ist im Verstand, was nicht vorher in den Sinnen gewesen wäre. Tatsächlich ist in der Arbeit Lockes, die uns so sehr interessiert, das zentrale Thema, was wir heute *Perzeption* nennen. Dadurch ist diese Arbeit ein entscheidender Impuls für spätere Theorien (20. Jahrhundert) im Bereich der *Phänomenologie* im Allgemeinen und der *Phänomenologie der Perzeption* geworden.

Erstes Ziel des Philosophen ist, im Rahmen einer Theorie der Qualitäten, zu untersuchen, ob unsere Ideen über Objekte übereinstimmen/äquivalent sind mit diesen, d. h. ob die *Perzeption* eines Objektes, in Folge derer wir uns eine *Idee* über das Objekt machen, korrekt (siehe äquivalent mit dem Objekt) ist. Es scheint sehr einfach zu sein: Wenn ich sehe/perzipiere das Meer, dann, was ich wahrnehme *ist* tatsächlich das Meer, also besitze ich in meinem Geist die *Idee des Meeres*; oder: Wenn ich sehe/perzipiere ein Dreieck, dann, *ist* das, was ich wahrnehme, tatsächlich ein Dreieck, also besitze ich in meinem Geist die *Idee eines Dreiecks*. Aber es ist überhaupt nicht mehr einfach, wenn wir an die Idee „süß" oder „rot" denken! Denn, was für den einen als süß zu sein scheint, für einen anderen könnte das im Geschmack neutral scheinen; oder: Dem einen erscheint eine Mauer weiß, und dem anderen erscheint die selbe Mauer bei Sonnenuntergang „rötlich". Aufgrund dieser Umstände hat sich Locke veranlasst gefühlt, die alte Suggestion von Aristoteles, dass die Objekte *primäre* und *sekundäre* Qualitäten haben, zu übernehmen, vertiefen und nuancieren. Gerade der Unterschied zwischen den *primären* und *sekundären* Eigenschaften des Objektes im Rahmen der Perzeption wird in dem essayistischen Teil unseres Textes eine außerordentliche Wichtigkeit bekommen. Aber geben wir John Locke das Wort (*Versuch über den menschlichen Verstand* II/8/15): *„...daß die Ideen der primären Qualitäten der Körper Ebenbilder* (recemblances) *der letzteren sind und daß ihre Urbilder* (pattern) *in den Körpern selbst real existieren, während die durch die sekundären Qualitäten in uns erzeugten Ideen, die mit den Körpern überhaupt keine Ähnlichkeit aufweisen."* Daraus ergibt sich, dass die Perzeption zweierlei Art ist, genauer genommen, dass sie zwei mögliche Qualitäten/Werte haben kann: **1** - die Perzeption der *primären Eigenschaften* des Objektes, die uns zu *präzise, univoken Ideen über das, was sich „real existierend" im Objekt befindet,* leitet; und **2** - die Perzeption der *sekundären Eigenschaften, die uns zu Ideen, die mit dem perzipierten Objekt „überhaupt keine Ähnlichkeiten aufweisen",* leitet. Es ist außer Zweifel, dass, was wir Farben nennen, *sekundäre Eigenschaften* sind. Bezeichnend ist, dass Locke, in seinen Demonstrationen sich oft auf die Eigenschaften des vulkanischen Steins Porphyr stützt, ein Stein der, abhängig von den Lichtverhältnissen, *seine Farben wechselt,* jedoch *ohne seine intrinsische Struktur zu ändern* (er hätte auch das Beispiel des Alexandrits oder des Perlmuths nehmen können). Diesbezüglich möchte ich daran erinnern, dass ich in der Einleitung dieses Textes feststellte, dass die Perzeption einer Farbe *situativ* und in der konzeptuellen Hinsicht viel ineffizienter als die Perzeption der Formen ist.

Ich skizziere schon eine Konklusion, auf welcher der Schluss dieses Essays gründen wird. Die Frage, die sich zuerst stellt, ist: Welche Charakteristik (d. h. Ziel, Modus, Tonus, „Koloratur", wenn Sie wollen) haben die Meditationen, die sich auf die Wahrnehmung der *primären* Eigenschaften des Objektes (**1**) stützen? Und auf der anderen Seite stellt sich die Frage: Welche Charakteristik haben Meditationen, die sich auf die Wahrnehmung der *sekundären* Eigenschaften des Objektes (**2**) stützen? Die Antwort und zugleich die erwähnte Konklusion lautet: Es scheint mir unmöglich zu verneinen, dass die Perzeption der *primären* Qualitäten (**1**) die unentbehrliche Bedingung und zugleich die unbestreitbare Quelle eines *empirischen, rationalen,* ja wissenschaftlichen Denkens, ununterbrochen von dem *Logos* regiert, ist. Im Gegensatz, die Perzeption der *sekundären* Qualitäten (**2**): Sie sind die unentbehrliche Bedingung und zugleich die unbestreitbare Quelle eines *subjektiven, emotionellen,* ja künstlerischen(!) Denkens, das ununterbrochen von dem *Mythos* regiert wird. An der passenden Stelle werde ich diese Gedanken eingehender behandeln.

Im selben Zitat (*Versuch über den menschlichen Verstand* II/8/15) betont der Philosoph: „*In den Körpern existiert nichts, was unsere Ideen* (die wir über diesen Körper bilden) *gliche. Sie sind in den Körpern, die wir nach ihnen benennen, lediglich eine Kraft, jene Sensationen in uns zu erzeugen. Was in der Idee von süß, blau oder warm ist, ist nur eine gewisse Größe, Gestalt und Bewegung der sinnlich nicht wahrnehmbaren Teilchen in den Körpern selbst, die wir so benennen.*" Wieder, wie bei Descartes und anderen Vorgängern, diese seltsamen unsichtbaren Partikeln! Ich meine aber, dass die Insistenz dieser Wissenschaftler auf jene Partikeln/Korpuskeln eher, als eine geniale(!), vorzeitige Intuition zu schätzen ist, von dem, was die Wissenschaft viel später entdeckt hat (Quanten, Teilchen etc.). Wir wollen noch unterstreichen, dass die *Kraft* (bei Locke „power") der Eigenschaften der Objekte, in uns eine Sensation zu erzeugen, eher als eine *Valenz*, eine *Disposition* als eine Kraft zu verstehen ist.

In dem Werk des Philosophen im Allgemeinen und besonders im *Versuch über den menschlichen Verstand* gibt es noch zahlreiche interessante Ideen, sogar über die Farben. Aber wir verzichten diese zu präsentieren, denn diese tangieren nicht entscheidend und direkt den Leitfaden unseres Textes. Doch es ist erwähnenswert, dass Locke die Existenz einer determinativen Verbindung zwischen den primären und sekundären Qualitäten behauptet. Ebenso ist zu erwähnen, dass in seinem Werk, worüber wir reden, fügt Locke einen Traktat mit dem Titel *Of Words* (*Über die Wörter*). Dort beschäftigt er sich mit der Sprachtheorie und sagt unter anderem, dass auf der Ideenebene, die linguistische Konvention als Beziehung zwischen Ausdruck und Idee verstanden, ebenso wichtig wäre, wie die Struktur der Korpuskeln für die Perzeption ist. Es ist hier eine Note von Nominalismus zu durchblicken.

Immanuel Kant betrachtet die Farben von zwei unterschiedlichen Perspektiven: einmal im Sinne der theoretischen Philosophie, besonders in seiner *Kritik der reinen Vernunft* (1781 und 1787) und auch im Sinne der Ästhetik in *Kritik der Urteilskraft* (1790). Ähnlich Johannes Hag, Privatdozent am Philosophie Department der Ludwig-Maximilians Universität München, der in seinem Beitrag *Kant und die Farben* (erschienen in der bei der Note 24 erwähnten Textesammlung) Kants ästhetische Betrachtungen über die Farben beiseitelässt, werden wir uns auch nur mit den theoretisch-philosophischen Aspekten beschäftigen. Im Hinblick auf die Tatsache, dass die Materie sehr kompliziert ist – wie so oft bei Kant! – werden wir sogar einen möglichst kurzen Bericht versuchen.

Obwohl der Philosoph die Theorie der *primären* und *sekundären* Eigenschaften des Objektes (Locke) akzeptiert (und sogar teilweise übernimmt), fügt er eine sehr subtile Differenzierung der Empfindungen, die ein Subjekt im Rahmen der Perzeption und auch des Kennens des Objektes, haben kann, ein. Es sind die *objektiven* und die *subjektiven Empfindungen*. In *Kritik der Urteilskraft* Kant erklärt: *„Die grüne Farbe der Wiesen gehört zur **objektiven** Empfindung, als Wahrnehmung eines Gegenstandes des Sinnes; die Annehmlichkeit derselben aber zur **subjektiven** Empfindung, wodurch kein Gegenstand vorgestellt wird: d. i. zum Gefühl, wodurch der Gegenstand als Objekt des Wohlgefal-*

lens (welches kein Erkenntnis desselben ist) betrachtet wird"[25]. Die Inhalte also der *objektiven Empfindungen* beziehen sich auf die *Eigenschaften des Objektes*, seien diese primär oder, wie bei Farben, sekundär. Die Inhalte der *subjektiven Empfindungen* beziehen sich nur auf die (persönliche)*Reaktion* des Subjektes. Diese Differenzierung, die ein beachtliches Feld der Interferenzen zwischen den Objekteigenschaften und den Subjektreaktionen öffnet, wird sich für den essayistischen Teil dieses Textes als entscheidend zeigen! Allerdings betrachtet Kant nicht nur die Farben, sondern auch die musikalischen Klänge, den Geschmack, die Temperatur, die Härte, das Gewicht etc. als *objektive Empfindungen*.

In der oben erwähnten Arbeit (Note 24) fügt Johannes Haag bei der Seite 119 folgendes Zitat von Kant ein: *„Die Farben sind nicht Beschaffenheiten der Körper ... sondern auch nur Modifikationen des Sinnes des Gesichts, welches vom Lichte auf gewisse Weise affiziert wird. Dagegen gehört der Raum, als Bedingung äußerer Objecte, nothwendiger Weise zur Erscheinung oder Anschauung derselben ... Farben sind gar nicht nothwendige Bedingungen unter welchen die Gegenstände allein für uns Objecte der Sinne werden können. Sie sind nur als zufällig beigefügte Wirkungen der besonderen Organisation mit der Erscheinung verbunden. Daher sind sie auch keine Vorstellungen a priori, sondern auf Empfindung ... gegründet"* (*Kritik der reinen Vernunft*, A 28f). Es kann scheinen, dass zwischen den beiden oben erwähnten Zitaten etwas unpassend, eine Konfusion steckt ... Wieso auf einer Seite *„Die grüne Farbe der Wiesen gehört zur **objektiven** Empfindung, als Wahrnehmung eines Gegenstandes des Sinnes"* und trägt so zur Bildung der Anschauung/erster Form der Erkenntnis bei (erstes Zitat) und trotzdem, auf der anderen Seite *„Farben sind gar nicht nothwendige Bedingungen unter*

---

[25] Immanuel Kant, *Kritik der Urteilskraft*, B 9. (Kants Hervorhebungen)

welchen die Gegenstände allein für uns Objecte der Sinne werden können" sie sind mit der Erscheinung *„nur als zufällig beigefügte Wirkungen"* (zweites Zitat). Nein, Kant hat mit Sicherheit keine Konfusion gemacht! Die Erklärung ist im Werk des großen Philosophen zu finden. Jedoch werden wir hier nicht die Thesen und Demonstrationen von Kant entfalten – es wäre zu lang und zu kompliziert! Wir begnügen uns nur zu signalisieren, dass alles sich auf die Relation *Raum-Zeit* stützt, d. h. auf die Elemente, die die *essenzielle Form der Intuition* sind. Und, bekannterweise bei Kant, ist der weitere Weg über die Konzepte, Urteile, transzendentale Deduktion bis zu den Ideen und letztendlich zu dem Ding an sich, ohne die Intuition unmöglich. Es ist genau das, was in der Einleitung gesagt wurde: Die Farbempfindung lässt sich weder im Raum und noch in der Zeit einordnen und deswegen kann ihr kein univokes und sicheres Konzept zugewiesen werden.

Johannes Haag bringt es auf den Punkt: *„Die **Objektivität** der objektiven Empfindungen ist ja nur eine **scheinbare** Objektivität: Empfindungen gerieren sich als Eigenschaften von Gegenständen der Erfahrung, sind aber eigentlich nicht mehr als Eigenschaften von Zuständen des Subjektes."* (Note 24 S.113. Hervor. J.H.).

Auch wenn die oben beschriebenen Einblicke in die philosophischen Gedanken über die Farben – beginnend mit Heraklit, über Aristoteles, René Descartes, John Locke bis zu Immanuel Kant – zu kurz und einigen sogar etwa oberflächlich erscheinen mögen, sind sie, meines Erachtens nach, ausreichend, um einen Überblick über die Problematik des Phänomens Farbe im Allgemeinen zu haben, und auch ausreichend um erahnen zu können, wie die verschiedenen Richtungen in welchen diese Gedanken sich entwickeln, sich bilden. Aus diesem Grund werde ich jetzt einen enormen Sprung über ca. 150 Jahre philosophischen Denkens bezüglich der Farben und deren Perzeption machen, um endlich ins 20. Jahrhundert zu gelangen. Bestimmt werden sich einige Leser finden, die so einen Sprung, so eine Auslassung vieler Denker und Theorien, als einen unverzeihlichen Irrtum betrachten würden. In einer gewissen Weise aus gutem Grund! Es wäre sehr passend und würde zu der Erhebung des wissenschaftlichen Niveaus dieses Textes führen, wenn ich die hegelsche Theorien über die Perzeption (aufgestellt in *Phänomenologie des Geistes*, besonders in dem Kapitel I- *Die sinnliche Gewissheit* und in dem Kapitel II- *Die Wahrnehmung*) erwähnt hätte. Ebenso wäre es angebracht an die Theorien von Goethe über die Farben zu erinnern, über seine Versuche (allerdings fehlgeschlagene!) in einigen Punkten Newton zu widersprechen und vor allem über seine seltsame These bezüglich der Heterogenität der Finsternis. Mit ehrlichem Bedauern sehe ich mich gezwungen auch auf die Präsentation und auf die Kommentare der Gedanken Schopenhauers über die Farben zu verzichten. Gerade Schopenhauer, ein Philosoph für den ich eine betonte Affinität empfinde! Gerne hätte ich mich in Gedanken mit seinen Büchern, wie *Theoria colorum* (1830 in Lateinisch) und besonders in *Über das Sehen und die Farben* (1816) auseinandergesetzt! Dieses letzte Buch ist als Folge des Briefwechsels des Philosophen mit Goethe entstanden. Ich erwähne doch, dass in diesem Buch einige bemerkenswerte Ideen zu erkennen sind: In dem Kapitel II, § 5, spricht Schopenhauer über verschiedene *Energien der Farben* und, auf Seite 40 erklärt er „*Die Farbe ist die qualitativ getheilte Thätigkeit des Auges*". Wahr ist, dass der Philosoph diese Aussagen auf der These von Goethe über die Heterogenität der Finsternis (Farben der Finsternis?) begründet. Im selben Text (Seite 48) zeigt er sich einverstanden mit dem Dichter von Weimar, dass die Farbe in ihrem intimen Wesen ein σκιερον wäre (das griechische Wort *skierhon* stammt von σκιά/skia, das Schatten, Dunkelheit, versteckter Ort bedeutet). Goethes Theorie ist gefallen, folglich steht ein Fragezeichen auch über den oben erwähnten Aussagen von Schopenhauer. Wenn wir aber bedenken, dass nicht lange Zeit nach Schopenhauer die Physik entdeckt und demonstriert hat, dass, was wir

Farben nennen nichts anderes als elektromagnetische Wellen mit verschiedenen Werten sind – also zweifelsohne *Energie!* – und dass nur unser Perzeptionsapparat (das Auge) durch eine *qualitativ geteilte Aktivität* „übersetzt" diese Reize in Farbempfindungen, dann bleibt uns nur, den Aussagen Schopenhauers eine geniale Intuition zu attestieren.

Trotzdem verzichte ich – allerdings jetzt mit etwas erleichtertem Gewissen – auf die Präsentation von 150 Jahren philosophischen Gedanken über die Farben, hauptsächlich wegen der Tatsache, dass die Thesen, Theorien und Meinungen über Farben in diesem Zeitsegment nicht unbedingt relevant sind und auch nicht direkt dienlich meinen Meinungen über die Welt der Farben, die ich in dem essayistischen Teil erläutern werde. Aber jetzt, übergehend zu den zeitgenössischen Gedanken über Farben, warne ich von vornherein, dass, nach meiner Meinung das gesamte Bild ziemlich weitschweifig ist und kaum nützliche Ideen für meinen Zweck liefert. Aus diesem Grund werde ich für die Präsentation eine zusammenfassende Arbeit benutzen – das verkürzt deutlich den Bericht.

Der Verlag Vrin,[26] in Philosophie spezialisiert, der auch eine hervorragende Buchhandlung besitzt, hat im Jahr 2013 in seiner interessanten Kollektion *Chemins philosophiques* (Philosophische Wege) die Arbeit von Christophe Al-Saleh *Qu'est-ce qu'une couleur? (Was ist eine Farbe?)* veröffentlicht. Dieses Buch wird die Basis aller Berichte, die folgen.

Zuerst formuliert und klärt Al-Saleh die philosophischen Probleme, die die Rezeption der Farben stellen. Diese sind 4 an der Zahl:

---

[26] Ich empfehle herzlich jedem Philosophieinteressierten anlässlich eines Aufenthaltes in Paris diese Buchhandlung zu besuchen. Dieser Ort ist für mich einer der schönsten in der faszinierenden Stadt! (Die Adresse ist: 6, Place de la Sorbonne)

1- Das Problem der *Ambiguität des Begriffes Farbe*.

Egal wie wir die Farbe verstehen – als eine (subjektive)*Empfindung* oder als eine konkrete *Eigenschaft des Objektes* (d. h. die *psychogene* oder *hylogene* Natur der Farben) – sie ist immer seltsam/merkwürdig (fr. étrage)[27].

Als *Empfindung* verstanden, unterscheidet sich die Farbe zu den anderen Empfindungen, wie die auditiven, olfaktiven, gustativen oder taktilen, dadurch, dass in phänomenologischer Hinsicht (und nur in dieser Hinsicht!), ihre Perzeption keine Veränderung des Subjektes mit sich bringt. Als *Empfindung* verstanden, lässt die Farbe *nur den Eindruck* einer klar definierbaren Einordnung im Raum und in der Zeit zu haben, während die anderen Empfindungen (vor allem die auditiven!) problemlos in diese Koordinaten sich einordnen.

Als konkrete *Eigenschaft des Objektes* verstanden, fehlt der Farbe die *kausale Effizienz*. *„Die Farbe eines Objektes in der Welt verändert nicht die Interaktion dieses mit den anderen Objekten. Denn die kausale Effizienz ist ein essenzielles Merkmal, um über eine konkrete Eigenschaft sprechen zu können"* – sagt Al-Saleh (Seite 14). Der Autor gibt dafür ein Beispiel: Die Tatsache, dass der tragbare Rechner rot oder grün ist, hat keine Bedeutung, die dieses Objekt definiert; die Tatsache aber, ob der selbe Rechner 300 oder 900 Gramm wiegt ist wohl definitorisch für ihn und zwar in konkreter, messbarer(!) Relation mit anderen ähnlichen Objekten.

---

[27] Al-Saleh übernimmt die Interpretation dieses Wortes von einer Arbeit des Philosophen J.L. Mackie, der sagt, dass eine Idee oder ein Wert seltsam/merkwürdig (engl. *queerness*) ist, wenn diese einen unerwarteten Sinn bekommt.

2- Das Problem der *irreduziblen Subjektivität* der Farberfahrung und die *Qualia*[28].

Die Beschreibung der Farben hat notwendigerweise zwei mögliche Aspekte: einer *extensional* und ein anderer *intensional*[29].

Extensional über die Farben zu sprechen, bedeutet nicht mehr als eine Anzahl von Objekten unter demselben Prädikat zu gruppieren – z. B. „rot". Alle diese Objekte sind rot – ohne jegliche Nuancierung und sogar ohne jegliche Analyse. Es ist, wie in der Note 29, nur eine Denotation, eine Referenz, die Festlegung des Gültigkeitsumfangs der des Prädikates – nur das und nichts mehr!

---

[28] Der Begriff **das Quale** (singular) **die Qualia** (plural) stammt von dem lateinischen *qualis* = wie beschaffen? bzw. die Frage nach der Eigenschaften eines Elements. Es ist eine Übersetzung vom Cicero aus dem Griechischen, die später das Wort qualitas/Qualität generiert hat. In der Philosophie bezeichnet dieser Begriff den *subjektiven Inhalt eines mentalen Zustands*. Das Wort ist von dem amerikanischen Philosoph Charles S. Peirs im Jahr 1866 eingeführt, aber erst im Jahr 1926 von C. I. Lewis in seinem Buch *Mind and the World Order* ins Gespräch gebracht. Bis jetzt konnte das Phänomen der Qualia neurologisch nicht erklärt werden. Eben deswegen ist deren Existenz umstritten. Der amerikanische Philosoph Thomas Nagel ist der Meinung, dass, um dieses Problem zu klären, eine Revolution in Neurologie und in der Erkenntnistheorie nötig wäre, die von der Weite und Wichtigkeit nur mit der von Kopernikus in Astronomie vergleichbar sein könnte.

[29] *Extensional* und *intensional* (nicht intentional!) sind Begriffe von Aristoteles inspiriert und besonders in Semantik und Logik angewendet. Dieses Begriffe-„Paar" wurde in die philosophische Sprache durch das berühmte Buch *La logique, ou l'art de penser* (bekannt auch unter dem Titel *Die Logik von Port Royal*) im Jahr 1662 eingeführt. Auch wenn diese Begriffe leicht unterschiedlich interpretiert werden, haben sie bis jetzt Gültigkeit. Weil eine tiefer greifende Präsentation und Erklärung dieser Begriffe hier nicht unbedingt angebracht zu sein scheint, werden wir schematisieren: *Extension/extensional* = (fr.) *étendue de l'idée*, Denotation, Referenz, **Umfang** (bei Kant) - immer einer Idee oder eines Konzeptes. *Intension/intensional* = (fr.) *comprehension de l'idée*, Konnotation, Sinn, Signifikation/Bedeutung, **Inhalt** (bei Kant).

Aber *intensional* über Farben zu sprechen, bedeutet vorerst bewusst zu sein und auf vernünftiger Basis die Ursache zu begründen, warum ein Prädikat einem gewissen Objekt und nicht zu einem anderen passt – d. h. warum dieses rot und nicht blau ist! Mit anderen Worten: welcher phänomenale Charakter unterscheidet die „rot Erfahrung" von der „blau Erfahrung"? Auf der Seite 20 sagt Al-Saleh: „*Wenn ich diesen phänomenalen Charakter beschreiben würde, die Eigenschaften, die ich präsentieren müsste, sollten alle Eigenschaften, die beitragen, dass die Erfahrung dieser Farbe **nur für diese Farbe** gültig ist. Aber so eine Beschreibung hätte eine subjektive Prägung, eine gewisse Transparenz, denn die Aussagen, die auf solchen Eigenschaften gründen, nicht sehr unterschiedlich sein würden von den direkten Aussagen* (Eindrücke!) *über diese Farbe. Solche Aussagen würden meistens in der 1. Person formuliert* (subjektiv!) *und hätten einen starken indexikalen Charakter (d. h. in einem designierenden Kontext verankert) ... Diese Eigenschaften solch einer Beschreibung sind **Qualia** genannt.*"

Wir stellen fest, dass wegen der Qualia – der subjektive Inhalt eines mentalen Zustandes (Note 28) – die *intensionale* Betrachtung der Farben nicht zu Stande kommt (nicht kommen kann!). So ein Versuch fällt zurück in subjektive Beschreibungen der Farbempfindung und auch in indexikalen Automatismen. Gerade das haben wir auch in der Einleitung angedeutet. Die Qualia sind aber von höchster Wichtigkeit für unsere Abhandlung.

3- Das Problem der *Unbestimmtheit des Informations-Korrelat* der Farbe.

Es ist wahr: Wenn ich die Farbe Rot an einer Verkehrsampel sehe, *bedeutet das für mich* „stopp", nicht weitergehen oder fahren; wenn ich eine gewisse Sorte Äpfel rot sehe, *bedeutet das für mich*, dass diese reif sind – genau das Gegenteil, wenn ich Brombeeren sehe: Wenn diese rot sind, *bedeutet das für mich*, dass diese noch nicht reif sind(!). Wenn ich einen roten Fleck auf meinem Kissen sehe, *bedeutet das für mich*, dass etwas mit meiner Gesundheit nicht in Ordnung ist. Ich habe geblutet. Alle diese Rot-Erscheinungen *bedeuten etwas für mich*. Sie *informieren* mich über etwas. Philosophisch gesehen wäre es aber trivial und oberflächlich zu sagen, dass dieses Rot – oder die Farben im Allgemeinen – Informationsträger seien. Alle oben kursiv geschriebenen Bemerkungen „bedeutet das für mich" sind nur gelernte *Konventionen* (die Ampel) oder *Deduktionen* (Farbe des Obstes) und gehören nicht der Farbe oder Farbempfindung *als solche* an. Es ist unmöglich, den Informationsinhalt einer Farbe *als solche* zu beschreiben. Folglich könnte einer Farbe eine Information nur *zugewiesen* werden, weil die Farbe *als solche* keine Information besitzt. Sagen wir in der Sprache der Informationstheorie, dass die Farbe kein *Signifikant* (Zeiger) ist, weil sie kein *Signifikat* (Gezeigtes) übermittelt, sie hat keine eigene *Signifikanz*. Höchstens könnte eine Farbe ein *Signifikat bekommen*, durch Konvention oder Deduktion – dann ist dieses aber so zu sagen ein Signifikat „von zweiter Hand"! Etwas salopp ausgedrückt: Ein Informant ist ein Informant, nur wenn er etwas informiert. Während die Farbe *als solche* (nur durch sich selbst) nichts informiert, außer der Tatsache, dass sie existiert, oder genauer gesagt, dass sie perzipiert wird.

Obwohl Al-Saleh die Unbestimmtheit des Informations-Korrelats der Farbe leicht unterschiedlich demonstriert, wie wir es taten, kommt auch er zu identischen Konklusionen wie oben (Seite 24-28 in dem erwähnten Buch).

4- Das *essenzielle philosophische Problem* der Farben.

In der philosophischen Interpretation des Phänomens Farbe stellt Al-Saleh eine verhängnisvolle und sogar irreführende Situation fest. Er beginnt mit der einfachen und unanfechtbaren Idee, dass jede Empfindung – also auch die der Farben – zwei Typen von Eigenschaften hat: *was* wir empfinden und *wie* wir es empfinden. *Was* wir empfinden ist der *Inhalt* der Empfindung und bezieht sich auf *externe Eigenschaften* (außerhalb der Empfindung!), also auf die Eigenschaften des wahrgenommenen Objektes. *Wie* wir empfinden betrifft die *Phänomenologie* der Empfindung, die exklusiv im Subjekt passiert und sich auf *interne Eigenschaften* der Empfindung bezieht, die durch die Wahrnehmung des Objektes zu Stande kommt.

Ich möchte hier hinzufügen, dass in dieser Dualität schon eine Art „Kampfplatz" zwischen zwei Sphären zu durchblicken ist: Auf einer Seite die *objektive Sphäre*, die dem *„was wir empfinden"* entspricht – d. h. der Inhalt der Empfindung, sprich die Eigenschaften des Objektes, also außerhalb der Empfindung – und, auf der anderen Seite, die *subjektive Sphäre*, die dem *„wie wir empfinden"* entspricht – d. h. die Phänomenologie und die interne Eigenschaften der Empfindung.

Der Autor baut weiter auf dieser Dichotomie. Wenn es um die Farben geht, jede Analyse, Referenz, Meinung oder Diskussion, die sich auf *„was wir empfinden"* bezieht (d. h. Inhalt der Empfindung, Eigenschaften des perzipierten Objektes), wird mit Notwendigkeit *extensional* sein (siehe: Gruppierung unter dem selben Prädikat). Im Gegenteil: Jede Analyse, Referenz, Meinung oder Diskussion, die sich auf *„wie wir empfinden"* bezieht, wird mit Notwendigkeit *intensional* sein (siehe: Referenz zu der Phänomenologie und internen Eigenschaften der Empfindung, die subjektiv dem Objekt zugewiesen werden). In diesem Fall sind unter anderem die *Qualia* aktiv – diese noch nicht verstandenen aber existenten „Wesen".

Diese beiden Arten, die Farben zu betrachten – *extensional* für *was* wir empfinden und *intensional* für *wie* wir empfinden – sind sogar zur Methodologie der philosophische Analyse des Phänomens Farbe erhoben. Aber, wie Al-Saleh demonstriert (Seite 31-33), schließen sie sich gegenseitig stetig aus. Es ist wie ein Verdikt: Entweder eine dieser Betrachtungen, oder die andere! Der Autor kommt zu der folgenden Konklusion: *„Unter diesen Umständen ist es unmöglich die Konsequenz nicht anzunehmen, dass die Farben mindestens Produkte der subjektiven Erfahrung sind (im Sinne einer Auseinandersetzung des Subjektes mit seiner Umgebung), wenn nicht sogar ein Produkt des Subjektes selbst sind"* (Seite 33). Es ist eindeutig, dass Al-Saleh sich für die *intensionale* Methode entscheidet.

Nach der Art, wie diese vier philosophischen Probleme bezüglich der Farben behandelt werden, entstanden eine Menge zeitgenössischer Theorien (viel zu viele …) über das Phänomen Farbe. Diese können zuerst in zwei Hauptgruppen geteilt werden: *objektivistische* und *subjektivistische* Theorien – ebenso wie bei dem alten Demokrit (damals nur in Keim) gewesen ist. Hier unten präsentiere ich, so kurz wie möglich, die von Al-Saleh vorgenommene Einteilung dieser Theorien.

I- Die objektivistischen Theorien. Die Gemeinsamkeit dieser Theorien ist, dass sie die *internen* Eigenschaften der Farbempfindung (*wie* wir empfinden) zu der *externen* (*was* wir empfinden) reduzieren. Es ist eine Absage, oder mindestens eine Vernachlässigung der subjektiven Sphäre. Die objektivistischen Theorien gründen auf der Erkenntnislehre (Epistemologie) der Perzeption entsprechend welcher das Subjekt erkennt durch Perzeptionen *existierende* Eigenschaften in der Welt. Anders gesagt: Wenn ich etwas perzipiere/wahrnehme, dann dieses „etwas" existiert wirklich. Selbstverständlich haben solche Theorien als Basis ausschließlich eine *extensionale* Betrachtungsart/Methode. Hier sind drei von diesen Theorien:

> ➤ ***Der Physikalismus*** erkennt, dass die *interne* Eigenschaften einer Empfindung (*wie* wir empfinden) können wohl unterschiedlich sein von der *externen* Eigenschaften (*was* wir empfinden), die im Objekt sich be-

finden. Mit anderen Worten: Das Subjekt kann sich im Rahmen der Perzeption täuschen. Das aber hindert in keiner Weise die Tatsache, dass die externen Eigenschaften konkret im Objekt sich befinden, weil sie messbar sind. Im Falle der Farbe ist die messbare externe Eigenschaft die *Reflektanz* (Reflektivität) des betrachteten Objekts – d. h. seine Fähigkeit, ein Teil des Lichtspektrums zu absorbieren und, in normalen Lichtumständen, den anderen Teil (die gesehene Farbe) konstant und definierbar zu reflektieren. Es wird der physikalistischen Doktrin vorgeworfen, dass sie nicht bemerkt (oder nicht akzeptiert!), dass die Reflektanz – ein unumstrittenes Phänomen – nur eine *Fähigkeit* (Kapazität) und nicht eine *Eigenschaft* des Objektes ist. Zu Recht, denn die Farbe entsteht auf der Netzhaut des Auges und befindet sich nicht im Objekt (wir werden ausführlicher darauf kommen). Ein anderer Vorwurf ist, dass der Physikalismus nicht exakt definiert, was „normale Lichtumstände" sind. Schließlich gelingt dieser Theorie nicht, die „Enigma" der Unbestimmtheit des Informations-Korrelat der Farbe zu erklären.

> ➢ *Der Dispositionalismus* versucht die (logischen) Hindernisse – die von der physikalistischen Reduktion der *internen* Eigenschaften der Farbempfindung (*wie* wir empfinden) zu den *externen* Eigenschaften (*was* wir empfinden) verursacht sind – zu überwinden. Aber anstatt einer Erklärung und tieferen Analysen der Aussagen des Physikalismus (die Farbe ist eine konkrete Eigenschaft des Objektes, die Reflektanz übergibt dem Subjekt die Farbe usw.) vorzunehmen, postuliert ganz einfach der Dispositionalismus: Eine Farbe existiert *nur wenn* sie im Objekt existiert und die Reflektanz stattfindet. Durch diese simplistische Bedingung stellt die The-

orie selbst den von dem Physikalismus anerkanten Unterschid zwischen *internen* und *externen* Eigenschften der Farbempfindung zur Disposition – davon der Name „Dispositionalismus". Um den Unterschied zwischen *was* und *wie* wir empfinden doch mindestens psychologisch zu begründen, fügt der Dispositionalismus in seinen Deduktionen die Idee ein, dass im Subjekt eine Farbe nur *scheint* äquivalent zu sein mit dem, was sich im Objekt befindet. Ohne jegliche Erklärung! Indem diese Theorie den Schwerpunkt von der Idee der Farbe (wie es noch bei dem Physikalismus war) zu dem schwammigen Begriff und der Idee *„es scheint eine gewisse Farbe zu sein"* wechselt, erhöht sich in seinen Aussagen in ungebührlichen Maßen der Grad der Verallgemeinerung und der der Ambiguität(!). Die Theorie fällt!

➤ ***Der Primitivismus.*** Es ist allgemein anerkannt, dass, um eine Eigenschaft eines Objektes in der Welt als *objektiv* benennen zu dürfen, absolut notwendig ist, dass das Subjekt keinerlei aktive/determinante Rolle haben darf. Die Aufmerksamkeit fokussiert sich also auf die *Kausalität* dieser Eigenschaft *in der Welt* (und nicht im Subjekt!). Dieses Gebot kann auch das Prinzip der *nicht-Gleichgültigkeit* (oder Interdependenz?) genannt werden; selbstverständlich eine „nicht-Gleichgültigkeit" der Eigenschaften eines Objektes gegenüber den Eigenschaften anderer Objekte (gegenseitige Einflüsse, Vergleiche usw.). So sollte es sein! Aber indem die Farben zu der messbaren Reflektanz reduziert werden und so das Gebot der kausalen Demonstration für erfüllt gehalten wird, die beiden bis hier erwähnten objektivistischen Theorien machen einen Fehler und vermindern die Erfolgsaussichten des Objektivismus. Dies ist der Anfangsgedanke von John Campbell[30] auf welchen er die Theorie des Primitivismus aufbaut – eine Theorie, deren Hauptvertreter er ist. Das Hauptziel der primitivistischen Theorie ist zu demonstrieren, dass die Behauptung der Objektivität einer Farbe nicht unbedingt auf der Kausalität gründen muss. Nur dann konnte über Objektivität gesprochen werden, ohne Physikalist oder Dispositionalist zu sein – sagt Campbell. Die Demonstration hat zwei Achsen: Auf einer Seite zu zeigen, dass eine Eigenschaft nicht unbedingt subjektiv ist, nur weil ihre Perzeption und Einordnung von dem menschlichen Geist (Subjekt) abhängt; und auf der anderen Seite zu zeigen, dass die Gründe auf welchen eine Farbe als eine objektive Eigenschaft gehalten werden kann, von den Theorien der Physik abgekoppelt werden sollen. Ich verzichte darauf den Mechanismus dieser Demonstrationen hier zu zeigen und bevorzuge Al-Saleh zu zitieren (Seite 49): *„…diese Theorie bietet uns Entschuldigungen an, in einer Sache, wo wir berechtigt wären Begründungen zu erwarten"*. Ich füge hinzu: Wir können die Bezeichnung *„objektiv"* nicht akzeptieren und dabei die Physik und die Wissenschaften im Allgemeinen beiseite zu lassen.

II- Die subjektivistischen Theorien. Die Charakteristik dieser Theorien ist, dass sie im Falle der Farben behaupten, was wir *in-* und *durch* das Objekt perzipieren/wahrnehmen *nicht Farbe als solche ist,* sondern lässt in uns nur eine *Farbempfindung* entstehen. Obwohl diese zentrale Aussage des Subjektivismus

---

[30] J.Campbell *A Simple View of Colour* in die Studiensammlung *Reality, Reprezentation & Projection?*, Oxford University Press, 1993, S. 257-268. Unter dem Titel *Une défense du primitivisme* (Verteidigung des Primitivismus) ist der Text auszugsweise wiedergegeben (und kommentiert) in dem Buch von Al-Saleh worüber wir hier sprechen (Vrin Verlag).

widersinnig zu sein scheint, ist sie, so wie wir im Laufe dieses Essays sehen werden, gerade von der Wissenschaft bestätigt! Die subjektivistischen Theorien bestreiten kategorisch die Idee, dass die Farbe eine konkrete Eigenschaft des Objektes sei, mit anderen Worten, das sie, im Rahmen der Perzeption, eine *externe* Qualität der Empfindung wäre. Zugleich behaupten diese Theorien, dass die Farbe durchaus eine *interne* Qualität der Empfindung ist (d. h. eine Eigenschaft *im Subjekt* oder mindestens eine, die das Subjekt dem Objekt zuweist). Zweifelsohne sind diese Theorien eliminatorisch, im Sinne, dass sie jede Idee, die nicht in ihre Struktur passt, ohne jegliche Argumentation verwerfen. Ihre wissenschaftliche Pflicht ist, die *scheinbare Objektivität* der Farben zu erklären. Selbstverständlich haben solche Theorien als Basis ausschließlich eine *intensionale* Betrachtungsart/Methode. Hier sind drei von diesen Theorien:

> ➢ *Die Theorie der Halluzination.* Um jedes Missverständnis zu vermeiden, betonen wir von vornherein, dass diese Theorie sich nicht auf die Erkenntnisse der Psychologie oder Neurologie bezüglich des Phänomens der Halluzination stützt. Ihre Deduktionen starten von den konkreten Tatsachen, dass, wenn wir auf die geschlossenen Augen einen leichten Druck ausüben, „sehen wir Farben". Auch die Erscheinung der Farben in den Träumen ist für diese Theorie ein Argument! Die zentrale Aussage ist: *„Alle Farben, die wir wahrnehmen, sind nur **subjektive Effekte** der Stimulation der sensoriellen Organen durch das externen Medium"* (Al-Saleh S. 54. Hervorh. Th.B.). Es ist leicht zu sehen, dass dieser Gedanke in den Theorien von Descartes ihre Quelle hat. Auch eine mechanizistisch-simplistische Nuance ist in dieser Idee festzustellen. Ich verzichte auch diesmal zu zeigen, wie die Argumentationen der Theorie der Halluzination sich entwickeln. Dort ist von einem theoreti-

schen und einem polemischen Teil die Rede, von distalen und proximalen Stimuli, viele abstrakte Logiksätze usw. usw. Nach Al-Salehs Meinung, und auch nach meiner, hält diese Theorie nicht – nicht zuletzt wegen der Tatsache, dass das humane Subjekt Kriterien besitzt, die ihm eine *halluzinatorische Erfahrung* von einer *realen* zu unterscheiden ermöglichen.

➢ *Die Theorie des systematischen Irrtums*. Sie ist von dem englischen Philosoph Harold Arthur Prichard formuliert.[31] Ohne jeglichen Zweifel, akzeptiert Prichard, dass eine Farbe, bzw. ihre Empfindung, ein subjektiver Effekt als Folge einer Stimulanz ist. Aber, er fügt hinzu, dass der Versuch dieser ausschließlich intensionalen Perzeption in einer verallgemeinenden und auf klassischen logischen Sätzen gestützten extensionalen Perspektive zu übersetzen und zu erklären, ein *systematischen Irrtum* ist. Dazu Al-Saleh (Seite 60): *„Der systematischen Irrtum ist, einer Farbe einer objektiven Existenz zuzuweisen. Entsprechend dem Subjektivismus, wenn eine Farbe überhaupt existiert, diese kann nur als eine Eigenschaft sein, deren Beschreibung nicht außerhalb einer intensionalen Perspektive möglich ist. ... (Denn) das Subjekt besitzt keine von dem subjektiven Eindruck unabhängigen Regeln, um alle Aspekten der Farbempfindung in einer extensionale Perspektive einzuordnen. ... Die Konsequenz ist, dass die Prüfung solcher chromatischen Sätze nicht zur Feststellung einer Übereinstimmung der Aussage der Sätze mit der in der Welt existierenden Tatsache führen kann."* Mit anderen Worten: Was wir empfinden ist wahr, während das, was wir über diese Empfindung sprechen (der kognitive Teil)

---

[31] H.A. Prichard, *Knowledge and Perception. Essays and Lecture*, Oxford, At the Calderon Press, 1950.

ein systematischer Irrtum ist. So versucht die Theorie des systematischen Irrtums das Phänomen Farbe nur auf dem kognitiven Plan zu analysieren, ohne die Kausalität, die Funktionsweise des Phänomens und die *scheinbare Objektivität* der Farben zu klären. Indem diese Theorie hauptsächlich auf die Ausdrucksweise in Bezug auf Farben, also auf den kognitiven Teil des Phänomens, sich konzentriert, nähert sie sich stark an die Meinungen von Wittgenstein, der sogar eine „Grammatik" der Farben verlangte. Al-Saleh schließt dieses Kapitel bedeutungsvoll mit der rhetorischen Frage ab: *„Warum beharren wir in Bezug auf die Farben, Glauben anzunehmen, die nur ein Reflex der Ausdrucksweise sind, während nötig wäre, unsere Gedanken an andere Lehren anzupassen – zum Beispiel an die Wissenschaft?"* Und hier ist der „Knackpunkt" und zugleich die Lösung des Problems!

➢ *Die Theorie der Projektion.* Das Misslingen der bis jetzt präsentierten subjektivistischen Theorien liegt in deren Unfähigkeit, den Eindruck *scheinbaren Objektivität* der Farben ausreichend zu klären. Diese Eigenschaft der Farben kann nicht auf Pseudoperzeptionen begründet werden, so wie die Theorie der Halluzination versucht und auch nicht auf unseren logischen Sätze (richtige oder nicht!) in Bezug auf die Farbenlehre, so wie es die Theorie des systematischen Irrtums behauptet. Um diese Sackgasse zu überwinden, ist es nötig das Problem der scheinbaren Objektivität der Farben andersartig zu betrachten/verstehen. Also ist die zentrale These der Theorie der Projektion: *Wenn eine Farbe ein subjektiver Effekt ist, dann müsste auch ihre scheinbare Objektivität, ähnlicher Weise, ein subjektiver Effekt sein.* Achtung! Die Betonung fällt auf den Ausdruck „subjektiver Effekt"! Die logische Konsequenz dieser Aussage ist verblüffend: *Weil in der Weise, in welcher wir die Farben perzipieren/wahrnehmen, führt uns nichts dazu, deren Objektivität infrage zu stellen, dann sind wir* **berechtigt zu denken** *(anzunehmen), dass sie objektiv sind* (Al-Saleh S. 66). Der Kompromiss – besser gesagt die Versöhnung! – zwischen dem Objektivismus und dem Subjektivismus ist evident! Erkenntnistheoretisch zeigt sich dieses Prinzip vollkommen annehmbar, klar, „gesund", wie der Autor sagt. Praktisch bedeutet das: *Weil ich durch die Perzeption keinen unmittelbaren Zugang zu den objektiven Eigenschaften der Farbe habe – Eigenschaften, die ich nur* **berechtigt bin** *als objektiv zu denken –* **projiziere** *ich den subjektiven Inhalt meiner Perzeption und Empfindung auf das Objekt.* Auch phänomenologisch scheint mir diese These als sehr glaubwürdig. Aber von großem Wert ist die Tatsache, dass die Theorie der Projektion der Wissenschaft „Platz einräumt" – ja, sogar sie einlädt! – die Objektivität der Farben zu demonstrieren! Diese Objektivität, die ich als Subjekt, im Rahmen der Perzeption, nur *berechtigt* bin, sie in Gedanken zu akzeptieren und so ihre Existenz zu *vermuten*.

Ich möchte darauf hinweisen, dass fast alle philosophischen Theorien über die Farben, die oben präsentiert wurden, einen gewissen Wahrheitskern beinhalten – auch wenn es, um diesen zu entziffern, manchmal eine gutwillige und tolerante Interpretation bedarf. Trotzdem das Gesamtbild der zeitgenössischen philosophischen Theorien über die Farben ist, wie ich schon angedeutet habe, enttäuschend. Die Philosophie spricht viel über die Farben und zugleich sagt/klärt wenig über diese. Es ist eindeutig: Im Laufe der Geschichte der Philosophie, je näher wir dem 20. Jahrhundert sind, desto mehr der traurige Gesamteindruck über das Thema Farben sich festigt. In dieser Hinsicht kann ich einige sehr harte Sätze des Philosophen Peter Sloterdijk über die gegenwärtige Philosophie nicht vergessen. Auch wenn diese in anderem Kontext geschrieben sind, haben sie vollkommene Gültigkeit besonders für das Thema Farben: *„Philosophie heute braucht die Ästhetik, um auf dem Umweg über ästhetische Theorie sagen zu dürfen, was sie sagen müsste, **wenn es noch »richtige Philosophie« gäbe**. Ästhetik ist die Krücke, auf der sich **eine unmögliche Philosophie** durchs 20. Jahrhundert schleppt"*; oder: *„... richtig professionell ist die Philosophie von heute ... nur dann, wenn sie vorführen darf, wie sie etwas sagen würde, **wenn sie etwas sagen würde**."*[32] Unter anderem bedauert der Autor die „Paralyse der synthetischen Potenz der Philosophie", was bewirkt, dass die ehemals edle Disziplin heute in Effizienz- und nutzlosen Analysen sich verirrt. Diese letze Bemerkung ist, meiner Meinung nach, von besonderer Bedeutung und sehr zutreffend für die zeitgenössischen Thesen der Philosophie über die Farben (speziell für die, die Al-Saleh erwähnt hat).

Es ist evident, dass die einzige Chance, um eine synthetische Vision über die Farben zu erlangen, eine *interdisziplinäre* Analyse ist. Ein erkenntnistheoretischer Akt dessen Mitautoren *die Wissenschaften **und** die Philosophie* sind! Die von der *Theorie der Projektion* – die einzige vollkommen gültige Theorie! – ausgesprochene „Einladung" an die Wissenschaften, um mit der Philosophie die Frage der Farbe zusammen zu klären, verwandelt sich in diesem Kontext in eine *Pflicht*!

*

---

[32] Peter Sloterdijk, *Kopernikanische Mobilmachung und ptolemäische Abrüstung*, Suhrkamp Verlag, Frankfurt am Main, 1987. Die Zitate: S. 39, bzw. S. 89. (Herv. Th. B.).

WAS SAGT DIE P H Y S I K ÜBER DIE FARBEN?

Zweifelsohne war der Weg der Physik, von den eher intuitiven Anfangsstadien bis zu den unwiderlegbaren Entdeckungen und Demonstrationen in Bezug auf Farben (und nicht nur auf diesen), nicht leicht. Der Weg der Physik war aber viel kürzer als der der Philosophie auf dieses Thema, der immer noch nicht zu Ende gekommen ist! Die Bemühungen der Physik, das Phänomen Farbe zu klären, erzeugen im Überblick den Eindruck, ständig ein klares Ziel, eine präzise Adresse zu haben. Die Evolution der Physiktheorien über die Farben zeigt sich in ihren verschiedenen Stufen und deren logische Folge eindeutig organisch – alles schreitet „wie von selbst" voran in Richtung der endgültigen Wahrheit. Warum ist es so und nicht anders, wie in der Philosophie? Als Wissenschaftler agiert permanent der Physiker unter dem Imperativ der Evidenz, der Logik und der Objektivität. In dieser Weise unterordnet er sich, unabhängig von seiner Subjektivität, den Ergebnissen seiner Deduktionen und auch den *demonstrierten* Ergebnissen seiner Vorgänger. Bis auf einige sehr seltene Ausnahmen ist im Falle der Philosophen genau das Gegenteil: Die meisten Philosophen beginnen deren Theorien mit einer gewissen Blick/Meinung – Weltanschauung – über ein Thema. Aber ein solcher Blick oder Meinung beinhaltet unabwendbar ein *Quantum von Subjektivität*! Nach diesem Beginn versucht der Philosoph seine Vision zu argumentieren und zu demonstrieren, diesmal auch auf das Gebot der Logik und Vernunft rigoros hörend. Mit anderen Worten: Während der Wissenschaftler sich seinem Objekt *unterordnet*, der Philosoph *interpretiert* es. Nach meiner Meinung ist dies ein *mögliches* Modell zu verstehen, warum die Wissenschaftler die Ergebnisse ihrer Vorgänger dankbar übernehmen, um diese zu ergänzen und zu vertiefen, während die meisten Philosophen bemüht zu sein scheinen, die Thesen ihrer Vorgänger neu zu interpretieren, zu bestreiten oder sogar mit eigenen zu ersetzen. Die Arbeitsethik der Wissenschaftler scheint das Geheimnis der Effizienz deren Disziplin zu sein. Wieder meiner Meinung nach, vielleicht nur Platon und Kant sind in Philosophie die Ausnahmen was das *Quantum von Subjektivität* betrifft, worunter so viele Philosophen „leiden" und mit Sicherheit kein Wissenschaftler. Das Wesen der Philosophie versteckt in sich eine *oppositionelle* und *polemische* Neigung, und das der Wissenschaft eine eindeutig *konstruktivistische*.

Hier die wichtigsten Etappen des Weges der Physik in Richtung einer Wahrheit über das Phänomen Farbe:

Sir Isaac Newton (1643-1727 nach dem Gregorianischen Kalender, eingeführt in England gerade während seines Lebens) ist als einer der wichtigsten Wissenschaftler aller Zeiten anerkannt. Seine Verdienste sind wirklich enorm: Nicht nur die beeindruckende Zahl seiner Schriften in fast allen Bereichen (inklusive Religion und Alchemie!), nicht nur seine Entdeckungen in Mathematik, unter anderem die Technik des infinitesimalen Kalkül (gleichzeitig mit Leibniz aufgestellt, aber unabhängig von dieser mit welchem Newton um die Urheberschaft der Theorie sich stritt), sondern vor allem sein Hauptwerk *Philosophiae Naturalis Principia Mathematica*, in Lateinisch geschrieben und im Jahr 1687 veröffentlicht, hat ihm die Berühmtheit und alle möglichen Ehrenbezeichnungen gebracht. Er wurde geadelt, war Präsident der ehrenwürdigen Royal Society und ist in Westminster Abbey beerdigt – ein Ort in der Mitte Londons, der nicht nur wegen der berühmten Kathedrale für alle Engländer „heilig" ist. Eigentlich ist es überflüssig daran zu erinnern, dass Newton in seinem Hauptwerk das Phänomen der Gravitation entdeckt und analysiert hatte, was ihn zur Formulierung der Gesetze der Bewegung weiterführte – die berühmten „newtonsche Gesetze" – die die Basis der Klassischen Mechanik sind.

Für unseren Text über die Farben ist aber von besonderem Interesse die im Jahr 1704 veröffentlichte Newtons Abhandlung

Opticks or a treatise of the reflections, refractions, inflections and colours of light (Optik oder eine Abhandlung über die Reflexion, Brechung, Krümmung und die Farben des Lichtes). Dieses Buch ist das erste in der Geschichte der Physik, das gezielt das Phänomen Farbe analysiert und Theorien und Prinzipien formuliert, die bis heute gültig sind. Newton stützt sich auf eine Reihe von Experimenten von welchen das Erste wie folgt beschrieben wird: An einem sonnigen Tag schloss der Physiker alle Fensterläden eines Zimmers und machte alle Lichtquellen aus. Er bohrte ein winziges rundes Loch in eines der Fensterläden. Im Zimmer erschien ein Lichtstrahl. Danach installierte Newton unmittelbar hinter dem Loch ein Glasprisma so, dass der Strahl dies senkrecht zu seinen langen Kanten durchquerte. Auf einer Entfernung von 22 Fuß von dem Prisma, an der gegenüber stehender Wand, brachte er eine weiße Tafel an. Es zeigte sich ein „Wunder": Auf der Tafel war der Lichtstrahl von draußen nicht mehr zu sehen, sondern mehrfarbiges Licht ähnlich dem Regenbogen! Es waren sichtbar – von unten nach oben gelesen[33] – *fünf* farbige Streifen: *orange, gelb, grün, blau* und oben *violett*! Auffallend war die Tatsache, dass der Fleck mit farbigem Licht nicht eine runde Form hatte, wie das gebohrte Loch im Fensterladen, sondern oval förmig war und zwar *fünf*mal länger (im Falle Newtons höher) als breiter. Der Physiker nahm Berechnungen vor, die eine mathematische Korrespondenz zwischen der Breite des farbigen Flecks und dem Durchmesser des Loches im Fensterladen bestätigten. Aber die Tatsache, dass die Länge des farbigen Flecks genau *fünf*mal größer als seine Breite war, d. h. exakt mit einem Faktor, die der Anzahl der Farben entspricht, leitete den Wissenschaftler

---

[33] Newton hat das Prisma mit seinen langen Kanten *waagerecht* orientiert was verursachte, dass die Streifen farbigen Lichtes *senkrecht* übereinander erschienen. Wenn aber die langen Kanten des Prismas *senkrecht* orientiert würden, erscheinen dann die farbigen Streifen, eine als Verlängerung der anderen, *waagerecht* gerichtet – dies ist die moderne Art das Lichtspektrum darzustellen.

zu der Erkenntnis, dass jede Farbe unterschiedlich *abgeleitet, refraktiert, gebrochen* in ihrem Weg von dem Prisma ist. Er hat diese ableitungs- (refraktions-) Faktoren auf einer fiktiven Skala von +1 bis +5 notiert: Orange +1 (die kleinste Ableitung), Gelb +2, Grün +3, Blau +4 und Violett +5 (die größte Ableitung)[34]. Die zentrale Konklusion dieses Experiments ist, dass *das natürliche Licht*, farblos oder „weiß" wie man sagt, *aus verschiedenfarbigen Lischtstrahlen zusammengesetzt ist*. Diese Theorie ist genannt *Die Heterogenität des Lichtes*. Von höchster Wichtigkeit ist es auch, dass durch dieses Experiment zum ersten Mal in einem Laboratorium Farben – in ihren reinsten natürlichen Form! – isoliert bzw. generiert wurden; diese Tatsache ermöglicht die wahre wissenschaftliche Untersuchung der Farben. Allerdings muss bemerkt werden, dass dieses Phänomen schon bekannt war, aber bei einem sehr oberflächlichen Niveau immer von Zufälligkeit bedingt – wahrscheinlich bei den Kristallgläsern auf denen ein Lichtstrahl fiel. Folglich wurde angenommen, dass das Kristall oder das Glas fügt dem Lichtstrahl die Farben hinzu.

Wenn mit diesem Experiment alle Aspekte des Phänomens geklärt wären, würde alles sehr einfach sein. Aber es war nicht so! Wenn zum Beispiel die Entfernung zwischen dem Prisma und der weißen Tafel geändert wird, verschwindet von der Mitte des Spektrums die Farbe *Grün*. Sie wird durch einen weißen/farblosen Fleck ersetzt. Noch mehr: je näher die Tafel zu dem Prisma ist, desto größer wird der farblose Fleck! Der englische Physiker erklärt das Phänomen so: Die verschiedenfarbigen Lichtstrahlen sind in diesem Fall nicht genug voneinander getrennt („sie haben keinen Platz" sozusagen!), dann fallen sie übereinander auf der Tafel und ihre Summe ist immer farblos, so wie der Lichtstrahl in

---

[34] Zu der Zeit war die mathematische Relation zwischen dem *Brechungsindex* von verschiedenen Medien (d. h. ihrer elektromagnetischen Permeabilität) und der *Wellenlänge* und *Frequenz* einer Farbe noch nicht bekannt. Wir werden darauf zurückkommen.

seiner natürlichen Form ist, also nicht abgeleitet bzw. refraktiert/gebrochen.

Der Leser wird sich zu Recht fragen, wo ist die wohlbekannte Farbe *Rot*? Wenn auf der weißen Tafel eine kleine schwarze Fläche sich befindet oder, noch effizienter, wenn wir direkt durch das Prisma schauen, im Sinne, dass die kleine schwarze Fläche selbst die Netzhaut unseres Auges ist, erscheint auch das Rot! Aber erstaunlicher Weise in einer absolut unterschiedlichen Anordnung: Anstatt Orange, Gelb, Grün, Blau und Violett, wie in dem vorigen Experiment, ist Blau, Violett, *Rot*, Orange und Gelb zu sehen! Die Überraschung war total!

Bevor wir zu Newtons Erklärung dieses Phänomens übergehen, fair ist zu erwähnen, dass auch Goethe, 136 Jahre nach Newton, dieses Experiment wiederholt. Dadurch versuchte der Weimarer Newton zu widersprechen und postulierte, dass die in dieser Weise gesehenen Farben, die Farben der Finsternis wären. So formulierte Goethe die Hypothese der *Heterogenität der Finsternis*. Diese Hypothese von Goethe fällt – sie ist als extravagant betrachtet. Denn Newtons Erklärung des Phänomens ist präzise und sehr plausibel. Dort ist die Rede über sehr komplizierte Refraktionsphänomene in Verbindung mit der Eigenschaft der Farben, sich kombinieren zu können. Zum Beispiel das Rot erscheint in dem Experiment mit der schwarzen Fläche als Ergebnis der Summe Orange+Gelb+Blau+Violett. Die Tatsache, dass das *Rot* (von dem zweiten Experiment mit der schwarzen Fläche) *exakt auf dem Platz des Grüns* (von dem ersten Experiment mit der weißen Tafel) erscheint, leitete zu der Idee, dass die beiden Farben ein Paar darstellen, dass eine das *Negativ* der anderen ist. So ist auch die Formulierung der *Theorie der komplementären Farben* Newtons Verdienst. Diese Farbpaare sind: Violett↔Gelb, Blau↔Orange, Grün↔Rot und Weiß↔Schwarz – was in den Negativen der Farbfotos heute leicht zu sehen ist.

In einer Abhandlung im Jahr 1675 (*Hypothesis of Light*) führte Newton den Begriff *Äther* ein (der sich später als nicht existent erwies!). Er verstand durch diesen Begriff, der allerdings schon in der Antike häufig angewendet wurde, ein *materielles unsichtbares Medium durch welches sich Lichtpartikeln bewegen*. Gut beraten von seinem Kollegen Henry More, verzichtet der Physiker schnell auf die Idee eines „Lichtäether", aber behauptete weiter in *New Theory about Light and Colours*, dass ein Lichtstrahl aus *Korpuskeln/Lichtteilchen* besteht. Durch diese Behauptung geriet Newton in Konflikt mit dem nur 14 Jahre älteren niederländischen Physiker Christiaan Huygens.

Christiaan Huygens (1629-1695), Mathematiker, Astronom und Physiker hat in seinen Studien die Grundlagen für die Infinitesimalrechnung fest gelegt, worauf später sowohl Leibniz als auch Newton weiter gearbeitet haben. Er hat auch die Basis für die später entworfene Theorie der Wahrscheinlichkeit skizziert. Als Astronom baute Huygens sich selbst die Teleskope und um die Aberration deren Linsen zu reduzieren schliff er selbst diese. So hat er im Jahr 1655 den Saturnmond Titan entdeckt (die erste Entdeckung dieser Art nach dem Galilei im Jahr 1610 die vier größten Jupitermonde entdeckte). Von seinen vielen Leistungen im Bereich der Astronomie sind auch die Berechnung der Rotationsbewegung des Planeten Mars und die Entdeckung der Doppelsterne Systeme. Huygens ist auch der Erste, der eine Penduluhr (mit erstaunlicher Genauigkeit!) gebaut hat. Sogar Newton hielt Huygens als „den elegantesten Mathematiker der Zeit". Aber die Bewunderung des Engländers für Huygens erlöschte plötzlich als der Niederländer die *Wellentheorie des Lichtes* aufstellte – Newton war bekannt, dass er keine Kritik duldete! Entsprechend dieser Theorie, besteht das Licht aus *Wellen* und nicht aus *Teilchen/Korpuskeln*, wie Newton behauptete. Mit Huygens Theorie wurde auch die Grundlage der aktuellen *Wellenoptik* geschaffen.

Mit den späteren Untersuchungen von Thomas Young, englischer Augenarzt und Physiker (eine extrem fruchtbare Berufskombination!), bestätigt die Geschichte und die Physikergemeinde zuerst die Theorie von Huygens. Im Jahr 1800 beweist Young endgültig, dass *das Licht sich durch Wellen im Raum ausbreitet*. Dazu gelingt Young auch die *Wellenlänge* zu messen. Noch mehr: Der englische Wissenschaftler zeigt, dass die Wellentheorie einige Phänomene erklären kann, die Newton durch seine Theorie der Lichtkorpuskeln nicht klären konnte. Eher indirekt wird auch Newton Recht behalten bezüglich seiner Theorie (besser gesagt seiner Intuition), dass das Licht ein Bündel von extrem kleinen Korpuskeln wäre. Das aber wird viel später geschehen! Wir werden darauf zurückkommen.

Obwohl zu Lebzeiten teilweise nicht anerkannt und verstanden, war der deutsche Wissenschaftler Hermann Graßmann (1809-1877) eine wichtige und sehr interessante Persönlichkeit der Kultur des 19. Jahrhunderts. Für die fernöstlichen Philosophie Interessierten ist er wohl bekannt durch seine aus Sanskrit exzellente Übersetzung der Hymnen von *Rig-Veda* und auch durch sein analytisches Wörterbuch für diese Texten. Er hat auch bedeutende Beiträge im Bereich der Sprachtheorie, besonders bezüglich der Art der Verbreitung der indogermanischen Wörter in die modernen Sprachen. Als Mathematiker perfektionierte Graßmann die Vektorenrechnung (durch eine algebraische Interpretation genannt auch „Graßmann Algebra" oder „äußere Algebra") und gründete seine wichtigste Theorie, nämlich die *Lineare Ausdehnungslehre*. Gerade auf der Vektorenrechnung und der Ausdehnungslehre gründet sein Beitrag im Bereich der Physik der Farben. Zuerst demonstrierte er, dass jeder Farbeindruck von drei Größen bestimmt wird: **1)** der *Ton* der Farbe (die Spektralfarbe als solche), **2)** die *Helligkeit* der Farbe, also ihre Dichtheit, d. h. wie hell oder dunkel die Farbe erscheint (für bunte Farben zwischen Violett/dunkel und Gelb/hell) und **3)** die *Sättigung* der

Farbe, die die Qualität/Intensität der Farbwirkung bezeichnet. Sie ist bestimmt von der Zumischung von Weiß (stärkere Zumischung bedeutet geringere Sättigung). Im Allgemeinen Sättigung bezeichnet, wie stark sich ein farbiger Reiz von einem achromatischen Reiz, unabhängig von dessen Helligkeit, unterscheidet, d. h. sein Abstand von der *Unbunt-Achse* (Schwarz-Weiß Achse). Graßmann interpretierte diese Größen mathematisch und kam dabei zu der Konklusion, dass *die reinen/originären Spektraltöne immer einen hohen Grad von Sättigung haben* (100% - also 0% Weiß) und folglich *sind sie nur von ihrer spezifischen **Helligkeit** determiniert*. Im Gegenteil werden alle anderen Farbtöne von der ***Mischung** zwischen **Helligkeit** und **Sättigung** determiniert*. Eben deswegen *sind die reinen Spektralfarben immer in enger Verbindung mit deren jeweiligen physikalischen Eigenschaften* und nur *die Mischung zwischen diesen ergibt alle anderen Farben*. Die mathematische Theorie dazu, allerdings sehr kompliziert für Laien der Mathematik, ist in den berühmten *„graßmannschen Gesetzen"* synthetisch formuliert. Das sind vier Gesetze, die zuerst referieren über die oben erwähnten drei Größen, die den Farbeindruck bestimmen (erstes Gesetz), und danach in den Gesetzen 2 bis 4 die Prinzipien der Farbmischung festlegen. Obwohl Graßmann alle Spektralfarben meinte, können seine Gesetze sehr effizient auf die heute genannten *Basisfarben*[35] angewendet wer-

---

[35] Es ist absolut notwendig die Konfusion zwischen den Begriffen *Spektralfarbe, Basisfarbe, Primärfarbe* und *Sekundärfarbe* zu meiden! **Spektralfarben** sind reine Farben mit intensiver Helligkeit und direkt vom Licht entstanden. Jede von diesen hat eine einzige spezifische Wellenlänge. Nach Newton sind diese sieben: *Violett, Indigo, Blau, Grün, Gelb, Orange* und *Rot*. Die **Basisfarben** sind eigentlich ein Referenz-System (abhängig von der Sprache und von den kulturellen/theoretischen Interessen) gebildet von zwei bis sechs Farbtönen. Zwei Töne = *Weiß* und *Schwarz*, genau genommen heller oder dunkler. Entsprechend der Erfahrung der Maler, allerdings auch theoretisch bestätigt (!), die Basisfarben sind *Rot, Gelb* und *Blau* denn durch ihre Mischung kann jede Farbe hergestellt werden. In dem Referenz-System RGB sind die Basisfarben *Rot, Grün* und *Blau* (red, green, blue) und neuerdings in der Technik

den (zum Beispiel auf das System RGB=*Rot*, *Grün*, *Blau*, für die additive Mischung, sehr nahe dem menschlichen Sehsystem, oder auf das System CMYK=*Cyan*, *Magenta*, *Gelb* und *Key/Schwarz* für die substraktive Mischung, benutzt vor allem in der Technik). Für seine Theorien über die Farben hat sich Graßmann von Newtons Arbeiten inspiriert (siehe u.a. Newtons baryzentrischer Farbenkreis) und von den Arbeiten seines jüngeren Kollegen, dem deutschen Physiker Hermann von Helmholz[36]. Graßmann hat in beachtlichem Maß die Theorien dieser Wissenschaftler vertieft und nuanciert. Obwohl lange Zeit ignoriert, sind heute die *„graßmannschen Gesetze"* die unverzichtbare Basis für die Physik der Farben und ihrer Mischung.

Endlich ist der Moment gekommen, den entscheidenden Schritt, den die Wissenschaft im Verstehen des Phänomens Farbe vorgenommen hat, zu erwähnen. Es ist die Rede von dem außenordentlich wichtigen Beitrag des schottischen Physikers James

---

Gelb dazu. Die **Primärfarben** sind immer die *Ausgangsfarben* für eine Mischung. Entsprechend Graßmann müssen diese Farben, in der Regel drei, so gewählt werden, dass jede nicht das Ergebnis der Mischung der anderen zwei sein kann. Die **Sekundärfarben** sind immer die Farben, die durch eine *Mischung* entstehen. Auch wenn es einzigartig scheint, eine Sekundärfarbe kann in einem Referenz-System als Basisfarbe genommen werden. Zum Beispiel der Fall der Farbe *Magenta*, die das Ergebnis der Mischung zwischen *Rot* und *Violett* ist und als Basisfarbe in dem substraktiven System CMYK funktioniert (siehe oben in Text).

[36] Dieser Physiker hatte wirklich entscheidende Beiträge zum wissenschaftlichen Verstehen der Farben gebracht. Zum Beispiel hat er einen von dem französischen Physiker Léon Foucault inventierten Apparat, um Farben als Lichtstrahlen zu kombinieren/mischen, übernommen und auch perfektioniert. Mit diesem neuen Apparat ist es Helmholz gelungen die Komplementärfarben zu isolieren, kontrollieren und analysieren. Mit den Ergebnissen dieser Untersuchung relativierte Helmholz das vierte Gesetz von Graßmann. Ich bin aber der Meinung, dass in historischer Perspektive die Theorien von Helmholz im Bereich der Physiologie der Farbwahrnehmung von maximer Wichtigkeit sind. Deswegen werde ich den deutschen Physiker erneut in dem nächsten Kapitel erwähnen.

Clerk Maxwell (1831-1879). Sein Werk ist „*das Tiefste und Fruchtbarste, das die Physik seit Newton entdeckt hat*" – wie Albert Einstein bei den Feierlichkeiten zum hundertsten Geburtstag des Physikers erklärte.

Maxwell ist erkannt als ein „Brückenbauer" zwischen Mathematik und Physik. Auch hat er ständig die Algebra mit der Geometrie in eine geniale Weise verbunden. Diese beiden Verbindungen achtend, hat der Schotte viele Thesen unbestreitbar demonstriert und damit zahlreiche wissenschaftliche Fragen seiner Zeit geklärt. Zum Beispiel hat er gezeigt, dass die Ringe des Planeten Saturn weder ein kompaktes Objekt, noch ein kosmisches Gas oder Nebel sein können – wie damals geglaubt wurde, sondern bestehen sie aus einer Fülle von kleinen Körpern – wie es heute bekannt ist. Er hat auch die Grundlagen der *kinetischen Gastheorie* formuliert, die obwohl später von anderen Wissenschaftlern weiter verarbeitet wurden, gelten vollkommen auch heute. In dieser Theorie ist die Rede von der Relation zwischen Temperatur, Druck und Bewegung der Gasmoleküle, die durch die Formel *Maxwell Verteilung* beschrieben ist. Wir fügen eine Menge von wertvollen Studien über die Theorie der Wärme oder die der Körper in Bewegung hinzu.

Aber der wichtigste Beitrag Maxwells ist im Bereich des Elektromagnetismus. Dieser ist für unser Thema besonders interessant. Maxwell hat die ersten Ideen über Elektromagnetismus, die heute noch gültig sind, als Student formuliert. Trotzdem wuchs sein Interesse für Elektrizität und Magnetismus ununterbrochen sein ganzes Leben, das leider viel zu kurz war – er starb mit 48 Jahre. Durch Differenzialgleichungen verbindet Maxwell die Ergebnisse der Studien von mehreren Wissenschaftlern, wie Michael Faraday (über Magnetismus) André-Marie Ampère (über Elektrizität), Graßmann und anderen. So gelingt es ihm zwischen 1861 und 1864 die berühmten *Maxwellgleichungen* zu entwerfen. Diese Gleichungen, zu Beginn 20 an der Zahl, haben verschiedene Formen und beziehen sich, oder können appliziert werden auf viele spezielle Bereiche der Physik (z. B. können sie mikro- oder makroskopisch sein, mit integraler- oder differentieller Formulierung, homogen oder inhomogen, in „SI" oder „cgs" Einheiten ausgedrückt etc. etc.). Sowohl für mich, als auch für die Leser, die keine Professionellen der Mathematik und der Physik (sogar beim hohen Niveau!) sind, sind die Gleichungen von Maxwell sehr schwer zu erklären oder zu verstehen. Die Zentralidee ist, dass diese Gleichungen die elektrischen und die magnetischen Felder und die gegenseitigen Wirkungen zwischen der Materie und den beiden Feldern beschreiben. Noch mehr: Maxwell demonstriert, dass die beiden Felder (elektrisch und magnetisch) *in ihren Vibrationen koppeln sich und bilden eine Welle*, die sich im Raum mit einer Geschwindigkeit von 310.740.000 m/s (d. h. 310 Tausend Kilometer pro Sekunde) verbreitet. Diese Geschwindigkeit nähert sich stark der Lichtgeschwindigkeit! Maxwell notiert im Jahr 1864: *„Diese Geschwindigkeit ist so nahe an der des Lichtes, dass wir starken Grund zu dem Schluss haben, dass das Licht selbst eine elektromagnetische Störung ist, die sich entsprechend der elektromagnetischen Gesetze in Form von Wellen im elektromagnetischen Feld fortpflanzt."* Dies ist die Geburt der *Theorie der elektromagnetischen Wellen*!

Alle Denker vor Maxwell, die behaupteten, dass das Licht eine Welle sei (ich erinnere Huygens und Young), bekommen Recht durch diese unmöglich abzustreitende Theorie – auch wenn sie nicht genau wussten, *was für eine* Welle das Licht ist. Auch Arthur Schopenhauer bekommt Recht für seine geniale Behauptung/Intuition, dass das Licht, bzw. die Farbe, Energie wäre. Denn – wieder unmöglich zu verneinen – die elektromagnetischen Wellen *sind* Energie. Die Veröffentlichung der berühmten Gleichungen (auch „Maxwells wunderbare Gleichungen" genannt) im Jahr 1865, Gleichungen die er sein ganzes Leben perfektionierte und nuancierte, und vor allem die *Theorie der elekt-*

romagnetischen Wellen haben regelrecht Furore in der Welt der Wissenschaft verursacht und gelten bis jetzt als ein Triumph der Physik der 19. Jahrhundert.

Das 20. Jahrhundert war in Sachen Wissenschaft im Allgemeinen und in der Physik im Besonderen noch produktiver als das vorherige. Schon in seinem ersten Jahr, debütiert dieses Jahrhundert fulminant. Im Jahr 1900 postuliert Max Planck die Hypothese, dass die Energieübertragung zwischen Strahlung und Materie durch „diskrete Energiepakete" stattfindet, die er *Quanten* nennt. Der Wert einer Quante ist von der Multiplizierung der *Plank Konstante* oder *Plancksche Wirkungsquantum* mit der *Frequenz* der Welle. Also *die Frequenz einer Welle bestimmt ihre Energie*. Im Jahr 1905 appliziert Albert Einstein die Theorie von Planck auf die Lichtwellen. Dabei zeigt er, dass der photoelektrische Effekt lässt sich nicht durch die Wellen erklären, sondern durch die Lichtquanten, die er *Photonen* nennt. Für diese Arbeit erhielt Einstein den Nobelpreis (1921). Vier Jahre später stellt Einstein fest und auch demonstriert, dass das Licht, wie jede Strahlung, *sowohl Welle als auch Fluss von Quanten* ist. So entstand die Theorie der *Welle-Teilchen-Dualismus*, die bis heute gültig ist. Diese Theorie ist die Grundlage der neuen Wissenschaft, *Quantenmechanik* genannt, die sich nur mit der Mechanik der Materie im Größenbereich der Atome und darunter beschäftigt. Sie ist eine der Hauptsäulen der modernen Physik. Im Rahmen der wissenschaftlichen Mitarbeit von Niels Bohr und Werner Heisenberg ist die Quantenmechanik in deren bekannten *Kopenhagener Interpretation* (1927) endgültig beschrieben und festgelegt.

Welche Überraschung: Nach mehr als 200 Jahren geben die Geschichte und die Physiker Gemeinde auch Newton Recht! Nicht unbedingt seiner Theorie über die leuchtenden Partikel, die sich bewegen, sondern eher seiner genialen Intuition, dass so etwas existieren würde.

Die mathematischen und physikalischen „Mechanismen" dieser Theorien versuchen zu beschreiben und zu erläutern, würde meine Kräfte und die, der meisten Leser, weit übersteigern. Allerdings wäre eine solche Vertiefung auch unnütz im Rapport mit dem Zweck dieses Textes. Folglich ist es ratsam auf so eine Tentative zu verzichten.

Erst jetzt sind wir wirklich berechtigt, die Spektralfarben, als elektromagnetische Wellen verstanden, im Lichte des Welle-Teilchen-Dualismus, in der Reihenfolge und mit deren spezifischen Werte, die weltweit von der Wissenschaft anerkannt sind, zu präsentieren. Diese sind, von rechts nach links gelesen (siehe Note 33): *Rot, Orange, Gelb, Grün, Blau* und *Violett*. Wegen der Tatsache, dass das Farbspektrum ein durchgehendes Band ist, dessen Farben „ineinander" zufließen und dabei unzählige Zwischennuancen zeigen, ist die Aufzählung von oben synthetisch-resumativ. Aus denselben Gründen sind in der folgenden Tabelle die physischen Werte jeder Farbe durch zwei Zahlen ausgedrückt (alle Zwischennuancen *des selben Farbtons* sind zwischen erster und zweiter Zahl erfasst):

FARBE	WELLENLÄNGE	FREQUENZ DER WELLE	ENERGIE DER WELLE
Rot	780-640 nm	384-468 THz	1,6 – 1,95 eV
Orange	640-600 nm	468-500 THz	1,95 – 2,06 eV
Gelb	600-570 nm	500-526 THz	2,06 – 2,17 eV
Grün	570-490 nm	526-612 THz	2,17 – 2,53 eV
Blau	490-430 nm	612-697 THz	2,53 – 2,88 eV
Violett	430-380 nm	697-789 THz	> 2,9 eV

<u>Erklärung</u>: „**nm**" bedeutet *Nanometer* (1 Nanometer = ein Milliardster Teil von einem Meter); „**THz**" bedeutet *Teraherz* (1 Teraherz = eine Billion Herz, d. h. ein 1 gefolgt von 12 Nullen); Herz ist die Messeinheit von der Frequenz mit welcher ein Phänomen in *einer einzigen Sekunde* sich wiederholt – im Falle der elektromagnetischen Wellen 1 Herz bedeutet, dass die Sinuskurve der Welle (die Vibration) *ein Mal* pro Sekunde sich wiederholt); „**eV**" bedeutet

Elektronvolt – eine Messeinheit für Energie in der Nuklearphysik (sicher die Energie kann auch durch den bekannten *Joule* gemessen/ausgedrückt werden). Bei einem etwa aufmerksameren Blick auf die Tabelle ist es leicht festzustellen, dass das Rot (seine intensivste Nuance) hat im Vergleich mit anderen Farben eine relativ *lange Wellenlänge*, 780 Nanometer, und zugleich eine relativ *niedrige Frequenz*, 384 Teraherz, was verursacht, dass *die Energie dieser Farbe die niedrigste* ist: 1,6 Elektronvolt. Je näher wir in der Richtung des anderen Endes des Farbspektrums gehen (nach links in der Farbspektrum und nach unten in der Tabelle) ist zu bemerken, dass die *Wellenlänge immer kürzer* wird, während die *Frequenz und die Energie steigen*. So hat die intensivste Nuance von Violett eine Wellenlänge von nur 380 Nanometer, aber eine enorme Frequenz von 789 THz (789 Billionen Mal pro Sekunde!) und eine Energie von minimum 2,9 Energievolt – fast doppelt so viel wie die der Farbe Rot. Die mathematische Relation zwischen diesen drei Größen – Wellenlänge, Frequenz und Energie – klärt fast alle Phänomene bezüglich der Farben[37].

---

[37] Zu einer zugänglichen Vertiefung/Klärung der Phänomene zeigen wir:
1) dass die *Wellenlänge* (notiert in Physik mit λ = *lambda* in Griechisch) ist immer gleich mit der Division der *Verbreitungsgeschwindigkeit* der Welle (notiert immer mit c) durch ihre *Frequenz* (notiert mit f); also $\lambda = c/f$. Für mehr Klarheit können wir diese Relation auch so lesen: $\lambda \cdot f = c$, d. h. die *Wellenlänge multipliziert mit der Frequenz ergibt die Verbreitungsgeschwindigkeit* – was sowohl mathematisch als auch physikalisch exakt ist. Aber die Verbreitungsgeschwindigkeit (c) ist eine **Konstante** – sie ist im Vakuum und in der Luft immer mit der Lichtgeschwindigkeit gleich, so wie wir es bei Maxwell gesehen haben. Das bedeutet, dass der Wert der Wellenlänge (λ) multipliziert mit dem der Frequenz (f) *muss notwendigerweise* genau die Konstante c ergeben. Folglich bei einer anderen Welle mit einer unterschiedlichen Wellenlänge (λ) wird auch die Frequenz (f) unterschiedlich im Sinne, dass, verglichen mit der ersten Welle, wenn λ *verkleinert* ist, f wird *vergrößert* und umgekehrt. Zur Verdeutlichung nehmen wir ein absolut fiktives Beispiel (für dessen Stupidität, mögen die Physiker uns verzeihen!): **Fall I** - sagen wir die Verbreitungsgeschwindigkeit (c) ist 200, die Wellenlänge (λ) 50 und die Frequenz (f) 4.

Alles ist klar: 50·4=200. **Fall II** - *eine andere* Welle aber hat eine kürzere Länge, sagen wir 25 anstatt 50. In diesem Fall wird ihre Frequenz 8 – denn 25 multipliziert nur mit 8 die nötigen 200 ergeben kann, also die Konstante, die am Ende der Formel immer *sein muss*. *Die Energie* einer elektromagnetischen Welle ist immer in *direkt proportionale Relation mit ihrer Frequenz* (ihre Formel ist $E=h\cdot f$ – wo E die Energie ist und h das *Plancksche Wirkungsquantum* oder *Konstante von Planck* ist). So erklärt sich der Zahlenmechanismus von der oberen Tabelle, die sich *ausschließlich* auf der Verbreitung der elektromagnetischen Wellen im Vakuum und in der Luft bezieht. Diese Zahlen zeigen deutlich, wie, vom Rot zu Violett gehend, *die Frequenz und die Energie sich erhöhen, während die Wellenläge sich reduziert.*

2) Wenn eine elektromagnetische Welle in ein Medium mit reduzierter magnetischer Permeabilität (Durchlässigkeit), z. B. durch Glas, sich verbreitet, *reduziert sich ihre Geschwindigkeit* (**c**). Gleich müssen wir hinzufügen, dass die *magnetische Permeabilität* eines Mediums in direkter Verbindung mit seinem *Brechungsindex* (der in Physik mit **n** notiert ist) steht. (Im Vakuum ist **n** exakt 1, in der Luft 1,000292, im Wasser 1,33, in der Linse des menschlichen Auges 1,35-1,42, im Fensterglas 1,35-1,42, im Kristall 1,93, im Diamant 2,42 etc. etc.) Die Verbreitungsgeschwindigkeit einer elektromagnetischen Welle durch ein Medium mit einem Brechungsindex *größer* als 1, wird wie folgt berechnet: **c**(in Medium)=**c**(in Vakuum)/**n**. Es ist deutlich, dass die Verbreitungs-geschiwindigkeit abhängig von dem Brechungsindex des Mediums, das sie durchdringt, ist. *Je größer der Brechungsindex (**n**) ist, desto kleiner wird die Verbreitungsgeschiwindigkeit der Welle sein.* (wenn im Vakuum sich die elektromagnetische Welle mit Lichtgeschwindigkeit, ca. 300.000 Km/sec. verbreitet, ist ihre Geschwindigkeit in der Luft 299.710 Km/sec., im Wasser 225.000 Km/sec. und in einigen optischen Gläsern nur 160.000 Km/sec.) Von dieser Perspektive die Relation $\lambda\cdot f = $ **c** betrachtet, stellen wir leicht fest, dass, wenn **c** in einem weniger durchlässigen Medium *einen anderen* (kleineren!) *Wert* bekommt und wird ein „**c**(in Medium)", auch die Wellenlänge λ und die Frequenz f müssen sich ändern, damit die beiden, multipliziert, den neuen **c**(in Medium), der die Formel verlangt, ergeben. Aber in Wirklichkeit ist es gar nicht so! Es ist bekannt, dass bei der Verbreitung einer und derselben Welle durch ein Medium mit *verminderter* magnetischer Permeabilität, im Vergleich mit dem Vakuum oder Luft, ihre Frequenz (f) *konstant* bleibt, während nur die Wellenlänge (λ) sich ändert. Die Wellenlänge „übernimmt" sozusagen das veränderte „Verlangen" von **c**, ohne jeglichen Ausgleich mit der Frequenz (f). Um dieses Phänomen zu verdeutlichen, kommen wir für einen Moment auf unser fiktives Bei-

Thomas Brandsdörfer - *Eine Wendung*

Zum Schluss ist es nötig zu notieren, dass das elektromagnetische Spektrum der Farben nur ein winziger Teil von dem Spektrum aller bekannten elektromagnetischen Wellen ist, aber der einzige Teil, der für den Menschen *sichtbar* ist. Rechts von

---

spiel von oben: Dieses Mal wird die Verbreitungsgeschiwindigkeit der Welle, **c**(in Medium), nicht mehr 200 (wie oben), sondern nur 160. Dann, entsprechend der Basisformel $\lambda \cdot f =$ **c**, ist die Relation nicht mehr 50·4=200, sondern 40·4=160, weil die Geschwindigkeit bei 160 reduziert ist und die Frequenz bei 4 bleiben muss, ist es die „Aufgabe" der Wellenlänge, sich von 50 zu 40 zu reduzieren. Konklusion: *sinkt die Verbreitungsgeschiwindigkeit der Welle, dann sinkt auch die Wellenlänge, aber die Frequenz und die Energie bleiben unverändert.* In Wirklichkeit sind die Formeln und die Kalküle viel komplizierter und die oben angegebenen Zahlen haben keinen Bezug – nicht mal annähernd – mit der physikalischen Wahrheit. Das Prinzip ihrer *Änderung* und deren *Interaktion* sind aber gültig. Dies ist die Erklärung des Phänomens, dass, wenn ein „weißer" Lichtstrahl durch ein Glasprisma sich verbreitet, wird er in mehrere farbige Strahlen, aus welchen er gebildet ist, geteilt. Diese farbigen Strahlen haben verschiedene Wellenlängen, alle abhängig von dem Brechungsindex (**n**), der auch die Veränderung des **c** in **c**(in Medium) bewirkt. Und wegen der Tatsache, dass der *Brechungsindex* auch den *Brechungswinkel* bestimmt (siehe Sellinus Gesetz), und beide in direkter Verbindung mit der *Wellenlänge* sind, richtet das Prisma die Strahlen/Farben in ein wunderschönes Band: *das elektromagnetische Farbspektrum*. Die oben skizzierte Phänomene zeigen auch, dass im Falle der Wellen des sichtbaren elektromagnetischen Spektrums, *die Frequenz der Welle die Farbe bestimmt* (denn sie bleibt konstant, so wie die wahrgenommene Farbe) *und nicht die Wellenlänge, wie so oft fälschlicherweise behauptet wird*. So erklärt sich, warum ein Objekt, z. B. grün, in Wasser eingetaucht *immer noch grün* erscheinen wird, obwohl seine Welle auch durch Wasser sich verbreitet und dabei, wegen reduzierter magnetischer Permeabilität und höherem Brechungsindex dieses Mediums, ihre Wellenlänge sich verändert.

3) Es muss auch vermerkt werden: Wegen der Tatsache, dass die Verbreitungsgeschwindigkeit der elektromagnetischen Wellen im Vakuum und in der Luft sehr naheliegende Werte haben, ist in der Physik vereinbart, wenn von der Wellenlänge oder ihrer Verbreitungsgeschwindigkeit in den *beiden* Medien die Rede ist, keinen Unterschied zu machen. Wenn in einer Aussage keine Spezifikation vorhanden ist, dann bezieht sich die Referenz immer auf Vakuum *und* auf Luft.

dem Rot befinden sich die *Infrarotwellen* (in drei Stufen), weiter die *Mikrowellen* (ebenso in drei Stufen), noch weiter die *Radiowellen* (bekannterweise ultrakurze, kurze, mittelkurze und lange) und schließlich das Spektrum der *niedrigen Frequenzen* an dessen Ende die ELF Wellen (extremely low frequency) sich befinden. Diese letzteren haben eine Wellenlänge im Bereich der Millionen Meter, eine Frequenz von nur 3 Herz und eine winzige Energie von nur ein paar Einheiten, die jede ein billionsten Teil eines einziges eV ist. Umgekehrt: Links vom Violett sind die *Ultraviolettwellen* zu treffen (auch in drei Stufen geteilt), weiter sind die *Röntgenwellen* und an dem linken Ende des Spektrums die *Gammawellen*. Diese letzteren haben eine extrem kurze Länge von 10 Picometer (1 Meter = 1 Billion Picometer), eine gigantische Frequenz von 30 EHz (ein EHz, oder Exaherz = 1 Trillion Schwingungen pro Sekunde d. h. ein 1 gefolgt von 18 Nullen!) und eine Energie von mindestens 120.000 eV – Energie die, konzentriert in einer kosmischen Explosion, würde unser Planet in weniger als einen Augenblick vollkommen zerstören können! ...und wir sehen von diesem furchterregenden großen Spektrum mit kaum vorstellbaren Zahlen nur Licht und schöne Farben! Mit Sicherheit ist es gut so ...

*

WAS SAGT DIE N E U R O P H Y S I O L O G I E ÜBER DIE FARBEN?

Zeigen und klären, was die Neurophysiologie und die Anatomie uns über die Farben sagen, was das Thema dieses Kapitel ist, ist eigentlich der Versuch zu erklären, *warum* und *wie* unser Sehorgan uns veranlasst, Farben zu sehen, dort wo sie als solche nicht existieren d. h. in den elektromagnetischen Wellen, wie uns die Physik lehrt. Anders und kurz ausgedrückt: Wie geschieht, dass wir bei dem Kontakt mit diesen Wellen die *Farbempfindung* bekommen? Philosophisch ausgedrückt ist die Frage: Wo und wie *die Farbe als solche entsteht?* Für die Frage, *wo* die Farbe als solche entsteht, fangen wir gleich mit der Konklusion an: Sie entsteht *im Subjekt*. Um die Frage beantworten zu können, *wie* die Farbe im Subjekt entsteht, müssen wir uns diesmal mit den Anfangsgedanken über dieses Thema befassen. Dies werden wir in den nächsten Zeilen vornehmen.

Dafür erfülle ich zuerst mein Versprechen an die Leser (siehe Note 36), zwar die außerordentlichen Beiträge im Bereich der Physiologie des menschlichen Sehsystems, die der deutsche Physiker und Physiologe Hermann von Helmholtz (1821-1894) gebracht hat. Neben zahlreichen Arbeiten in verschiedenen Bereichen der Physik (Thermodynamik, Hydrodynamik, Magnetismus, Elektrizität, Meteorologie etc.) machte Helmholz epochale Entdeckungen bezüglich der mathematischen und physischen Grundlagen der Wahrnehmung von musikalischen Tönen. Für seine Theorien über die Physiologie der Farbwahrnehmung übernimmt, nuanciert und vertieft der Gelehrte die von Thomas Young in 1807 erstellte Theorie über die additive Perzeption der Farben. Aber während Young behauptete, dass alle Farbnuancen sich auf Basis der Mischung von sechs Grundfarbtönen bilden, demonstriert Helmholz, dass alle mögliche Mischungen (Farbnuancen) nur mit drei Grundtönen möglich sind; nämlich: *Rot*, *Grün* und *Blau*. So entstand die wohl bekannte *Trichromatische Theorie* – die Trichromatizität der Farbwahrnehmung, die auch heute gültig ist (das System RGB – red, green, blue). Diese Theorie wird auch die *Theorie Young-Helmholz* genannt. Wie Young postuliert auch Helmholz, dass auf der Retina des Auges *drei Typen von Sensoren* sich befinden und jede von ihnen auf unterschiedlichen Wellenlängen des Lichtes reagieren.

Im Rahmen seiner Untersuchungen im Bereich der Psychologie und der Physiologie des menschlichen Gehirns formuliert der deutsche Physiologe Ewald Hering (1834-1918) die *Gegenfarbtheorie* auch *Opponententheorie* genannt. Entsprechend dieser sind vier Farben, die als rein wahrgenommen werden: *Blau, Gelb, Rot* und *Grün* und dazu auch *Weiß* und *Schwarz*. Hering stellt fest, dass diese Farben, die er auch *Ur-farben* nennt, im Rahmen der Wahrnehmung als opponente Paare funktionieren: das *Blau* Opponent dem *Gelb, Rot* Opponent dem *Grün* und *Schwarz* Opponent dem *Weiß*. Diese Theorie ähnelt sehr Newtons *Theorie der komplementären Farben*! Der Unterschied ist, dass Hering behauptet, diese Opponenzen finden *im menschlichen Hirn* statt. Diese Gedanken wurden in den Jahren 1937-39 von dem schwedischen Physiker Tryggve Johansson übernommen und nuanciert und später nochmals von den schwedischen Physikern Sven Hesselgreen und Andreas Hård. In dieser Weise wird Herings Theorie zur Basis des modernen Systems NCS, Natural Color System, endgültig formuliert von Scandinavian Colour Institute, Stockholm, und weltweit standardisiert.

Durch die modernen Untersuchungen und Entdeckungen zwischen dem Ende des 19. Jahrhundert und dem Jahr 1966 wurden alle Thesen und Postulaten von Thomas Young, Hermann von Helmholtz und Ewald Hering bestätigt.

Zuerst verfolgen wir sehr vereinfacht und nur in anatomischer Perspektive den Weg der elektromagnetischen Welle und ihres Impuls von der Umgebung des Subjektes durch das menschliche Auge bis in die tiefen Regionen des Hirnes, wo die Farbempfindung als solche entsteht.

Kombiniert oder rein, von der Reflektanz der betrachteten Objekten oder durch eine besondere Beleuchtung dieser entstanden, die elektromagnetischen Wellen, die dem sichtbaren Spektrum entsprechen (d. h. das „weiße" Licht und alle Farben), beginnen beim Durchdringen des menschlichen Auges einen langen Weg. Dabei treffen sie zuerst die *Hornhaut* (lat. corneea), weiter durchdringen sie die *Linse* und den *Glaskörper* (lat. corpus vitreum). Erst jetzt berühren sie die *Netzhaut* (lat. retina). Die

Netzhaut hat drei verschiedene Schichten. Die erste ist die der *Rezeptorzellen*, die von zwei Arten sind: *Stäbchen* und *Zapfen*. Erst bei Impulse der elektromagnetischen Welle auf diese Rezeptorzellen fängt tatsächlich die Sehbahn an. Die Zapfen sind auch in drei Gruppen geteilt: „S" Zapfen empfindlich für kurze Wellenlängen, „M" Zapfen empfindlich für mittlere Wellenlängen und „L" Zapfen empfindlich für längere Wellenlängen. Diese fotorezeptiven Zellen umwandeln die empfangene Lichtimpulse in Neuroimpulse und leiten diese weiter zu der nächsten Schicht der Retina: die der *Interneuronalen Zellen*. Diese sind auch von drei Sorten: *Horizontalzellen*, *Bipolarzellen* und *Amakrinzellen*. Nochmals von diesen Interneuronalen Zellen verarbeitet, wird der Impuls weiter zu der dritten Schicht der Retina geleitet, nämlich zu der Schicht der *Ganglienzellen* (lat. stratum ganglionare). Die sehr langen Axonen dieser Zellen bilden zusammen den *Sehnerv*. Durch den Sehnerv verlassen die Impulse das Auge und werden in den primären und in den sekundären Regionen V_1 und V_2 des *visuellen Cortex* (Sehrinde) geleitet. Dort und auch in anderen Regionen des Gehirns, wo ein Teil der Informationen/Impulse landen, entsteht durch hoch komplizierte Prozesse und Wechselwirkungen von diesen Hirnregionen, die Farbempfindung. Verkürzt und sehr schematisch dargestellt ist der Weg der elektromagnetischen Welle zur Farbempfindung, wie folgt: die *Hornhaut* (cornea) → die *Linse* → der *Glaskörper* des Auges → die *Rezeptorzellen* der Retina (Stäbchen und drei Sorten von Zapfen) → die *Interneuronalen Zellen* (horizontale, bipolare und amakrine) → die retinalen *Ganglienzellen* → der *Sehnerv* → der *visuellen Cortex* primär und sekundär → die *Farbempfindung*.

    Wenn auch die Funktionalität/Physiologie des Sehsystems ebenso einfach wäre, wie wir sehr schematisch seine Morphologie/Anatomie dargestellt haben, wäre alles sehr einfach zu verstehen. Aber es ist überhaupt nicht der Fall! Die Prozesse, die in fast allen „Stationen" der elektromagnetischen Welle in ihrem Werdegang zur Farbempfindung stattfinden, sind teilweise extrem kompliziert und auch nicht immer voll erklärt von der Wissenschaft. Besonders in Hinsicht der Tatsache, dass eine vollkommene Beschreibung diesen Prozessen nicht direkt dem Zweck dieser Abhandlung dienen würde, werden wir verzichten – wieder! – ein solches Unternehmen zu starten. Jedoch hat es einen gewissen Sinn, einige Aspekte zu erwähnen.

Zuerst notieren wir, dass die Verteilung der fotorezeptiven Zellen auf die Retina nicht gleichmäßig ist. Der sogenannte „gelbe Fleck" (lat. *macula lutea*) weist die größte Dichte an fotorezeptiven Zellen auf. In der Mitte dieses Flecks befindet sich eine winzige Vertiefung (0,5 mm Durchschnitt), die *Fovea centralis*. Dort entsteht mit der größten Präzision das (gesehene)Bild. Während die 6 Millionen Zapfen in *Fovea* ausschließlich sich befinden, sind die 120 Millionen Stäbchen auf dem Rest des gelben Flecks, genannt auch *Perifovea*, verteilt. Im Tageslicht sind die Stäbchen inaktiv, aber im Dunkeln unterstützen sie die Fähigkeit, die Farben wahrzunehmen – auch wenn etwas reduziert. Damit ist die „Aufgabe" der Stäbchen erfüllt und beendet. Die Wahrnehmung der Farben ist also ausschließlich die „Aufgabe" der Zapfen. Bis vor nicht allzu langer Zeit wurde angenommen, dass die drei Typen von Zapfen – L, M und S für den Empfang von langen, mittleren und kurzen Wellenlängen – der Farben Rot (für L), Grün (für M) und Blau (für S) entsprechen. Diese Annahme übereinstimmte genau mit der Theorie der Trichromatizität auch Young-Helmholtz Theorie genannt. Aber durch moderne Methoden wurde die Spektralsensibilität jeweiliger Typen von Zapfen gemessen. Das Ergebnis widerspricht der alten Annahme (Rot, Grün, Blau – RGB). In Wahrheit die Zapfen L reagieren bei Wellenlängen von 560 nm., was einem „grünlichen Gelb" entspricht; die Zapfen M reagieren bei sehr ähnlichen Wellenlängen von 530 nm., was einem „gelblichen Grün" entspricht; schließlich die Zapfen S reagieren bei Kurzwellen von 420 nm., was der Farbe

Blau entspricht. Die Young-Helmholz Theorie entspricht nicht der physiologischer Wahrheit des Sehsystems! Sie ist gültig nur als Prinzip der Trichromatizität der Farbwahrnehmung und selbstverständlich in ihrer technischen Anwendung, d. h. das System RGB (siehe z. B. das Farbfernsehen).

Wie geschieht das, dass von diesen Wellenlängen, die einem „grünlichen Gelb", einem „gelblichen Grün" und dem Blau entsprechen, Tausende Nuancen aller Farben wahrgenommen werden können? Die Genialität der Natur hat wahrlich keine Grenzen! Noch auf der Retina sind die Werte der Impulse von L, M und S Zapfen durch hoch komplizierte Operationen von Vergleichen, Additionen und Subtraktionen verarbeitet. Danach in der Schicht der interneuronalen Zellen (horizontale, bipolare und amakrine) und auch in der Schicht der retinalen Ganglienzellen sind diese Impulse „übersetzt" in deren Gegenwert, also jede Farbe in ihrem „Opponent". Es ist exakt das was Ewald Hering über die Paare der Urfarben mit deren Opponenten gesagt hat: *Blau* Opponent dem *Gelb*, *Rot* Opponent dem *Grün* und *Schwarz* Opponent dem *Weiß*. Diese „umgekehrten" Werte, jetzt nochmals differenziert und nuanciert, werden sozusagen wiederum „zurück übersetzt" in die Farbempfindungen, die wir kennen. Die Prozesse, die im Gehirn stattfinden, sind noch nicht vollkommen geklärt. Auch die Beschreibung dieser Phänomene ist, wie ich gewarnt habe, sehr inkomplett und extrem vereinfacht.

Vielleicht ist es gut, noch zu erinnern, dass die Retina des Auges embriologisch gesehen ein Teil des Gehirns ist (eine Art Verlängerung dieses). Ebenso erinnere ich, dass einige Tiere ein anderes Farbspektrum „sehen", größer oder kleiner als das, das der Mensch sieht.

Angesichts der enormen Komplexität des Sehsystems und dessen feinster und winziger Komponente, sollte die überwiegende Mehrheit der Menschen, die gut und normal sehen, extrem dankbar sein, dass bei ihnen kein kleiner Fehler aufgetreten ist! Denn theoretisch gesehen, je komplexer ein Apparat ist, desto anfälliger kann er sein.

*

KONKLUSIONEN ZUM DOKUMENTARISCHEN TEIL

Von allen Gedanken in philosophischer, physikalischer und neurophysiologischer Perspektive über die Farben können wir folgende Konklusionen formulieren:

Die wichtigste aller Konklusionen ist, dass, *was wir Farbe nennen, existiert nicht außerhalb des Subjektes, nämlich außerhalb seines Gehirns*. Die Farbe ist nur eine spezifische *Reaktion* auf den Impuls/Reiz der elektromagnetischen Wellen auf das Auge.[38]

---

[38] Spätestens jetzt ist der Moment gekommen, die berechtigte Frage zu klären, warum ein Objekt oder Materie in natürlichem Zustand – also nicht angefärbt – trotzdem eine gewisse Farbe hat? Die Wahrheit ist, dass die Materie als solches *von sich selbst keine elektromagnetische Wellen von dem sichtbaren Spektrum sendet*. Wahr ist aber auch, dass die Materie, wegen spezifischer *chemischer Eigenschaften*, auf einer Seite *absorbiert* und auf der anderen Seite *reflektirt* ein Teil der Frequenzen der elektromagnetischen Wellen von dem sichtbares Spektrum, die diese treffen. Diese „Selektion" der Frequenzen ist ein „Spiel" zwischen der *Absorbtion* (Einsaugung) einiger Wellen und *Remission* (Rücksendung) anderer Wellen. Die Remission haben wir oben im Text *Reflektanz* genannt. Zum Beispiel ein grünes Blatt, das verwelkt ist, wird als gelb wahrgenommen, eben wegen der Änderung seiner chemischen Eigenschaften – seine Remission entspricht jetzt den Frequenzen der Farbe Gelb. Fällt kein Licht auf ein Objekt (Materie), wird dieses keine elektromagnetische Welle von dem sichtbaren Spektrum reflektiren können, bzw. wird dieses Objekt keine Farbe haben. Eben deswegen sagt man zu Recht, dass bei Nacht „alle Katzen grau sind". Das ist noch eine Demonstration, dass der *Ursprung der Farbe nicht hylogen ist*, dass die Farbe nicht direkt und intrinsisch der Materie gehört, sondern nur indirekt durch *Remission/Reflektanz*. Nur wenn

Folglich haben viele Denker, während 2.300 Jahren, Recht in ihren mehr oder weniger begründeten, mehr oder weniger komplexen Behauptungen, dass der Ursprung der Farben psychogen und nicht hylogen wäre, also dass dieser im Subjekt sich befindet und nicht in der Substanz des Objektes. Wir erinnern an Demokrit, der die objektive Existenz der Farben abstritt und sagte *„in Wirklichkeit gäbe es überhaupt keine Farbe"*. Auch Descartes ist in dieser Hinsicht mit seiner Behauptung zu erwähnen, dass es *„einen Unterschied geben kann zwischen der Empfindung, die wir von ihm haben, d. h. der Idee, die sich davon mittels unserer Augen in unserer Einbildung formt, und dem, was in den Gegenständen liegt und in uns diese Empfindung hervorruft"*, oder wenn er sagt, dass die Perzeptionen *„ein Nicht-Ding repräsentieren, als ob es ein Ding wäre"*. Ebenso hatte auch John Locke Recht mit seiner eleganten Theorie der primären Qualitäten, die sich konkret im Objekt befinden und die sekundären Qualitäten die *„in uns Ideen erzeugen* (siehe Farben), *die mit den Körpern überhaupt keine Ähnlichkeit aufweisen*. Wirklich: Welche Ähnlichkeit hat eine elektromagnetische Welle mit einer Farbe? Auch Kant lag richtig mit der Behauptung, dass was wir Farben nennen *„nicht Beschaffenheiten der Körper sind* ... (sondern) *nur als zufällig beigefügte Wirkungen der besonderen Organisation mit der Erscheinung verbunden sind"* und dass die Farben *„nur auf Empfindung gegründet sind"*. Es ist auch an Schopenhauer zu erinnern sowohl für seine Erklärung, dass die Farbe *Energie* ist, als auch für seine These *„Die Farbe ist die qualitativ getheilte Thätigkeit des Auges"* – wie wahr! Auch wenn mit einigen kleinen Fragezeichen, wollen wir hier in selber Hinsicht die von Al-Saleh beschriebenen Subjektivistischen Theorien erwähnen: die der Halluzination, die des systematischen Irrtums und – ohne jegliches Fragezeichen – die Theorie der Projektion. Alle sind auf

---

wir die reine Farben betrachten, von dem „weißen" Licht durch ein Prisma entfaltet, kann keine Rede von Remission/Reflektanz sein.

der richtigen Linie, denn sie behaupten, dass alles was wir perzipieren *in* und *durch* das Objekt *nicht die Farbe als solche ist*, sondern in uns bloß *die Empfindung* von Farbe entsteht. Ich schließe diese Aufzählung mit den berühmten Worten von Sir Isaac Newton „*Rays are not colored"* (der Lichtstrahl ist nicht farbig). Ich füge noch einen bemerkenswerten Satz hinzu von dem deutschen Professor für Biologie und Philosophie (wieder eine fruchtbare Berufskombination!) Eckhart Voland: „*Vom Gehirn generiert, sind die Farben qualitative Erlebnisse in einer absolut farblosen Welt"*. In diesem Satz ist eine traurige Nuance zu vernehmen (eine absolut farblose Welt!), aber auch eine sehr erfreuliche im Sinne, dass *die Fähigkeit, Farbe zu sehen, ein herrliches Geschenk ist, das die Natur dem menschlichen Sein gereicht hat.*

Philosophisch wäre es ein Vergehen, wenn wir hier mit den Konklusionen aufhören würden. Denn bis hier haben wir nur Konklusionen formuliert, die sich auf die *Wirkung* beziehen, also auf die Farbempfindung, die immer im Subjekt stattfindet und noch keine, die sich auf die *Ursache* bezieht, also auf die elektromagnetische Welle, die selbstverständlich von dem Objekt kommt. Aber wenn wir bei der Umkehrung der Perspektive weiter im Objekt Farben suchen würden, wäre es wiederum ein unverzeihlicher Fehler, denn es hieße wir *suchen die Identität der Wirkung in der Sphäre der Ursache*. So würden wir zu keinem brauchbaren Ergebnis kommen! Ich meine, dass einige Denker diesen Fehler gemacht haben, als sie genau in der Ursache die Wirkung zu finden versuchten. Es ist vollkommen wahr, dass diese beiden Begriffe – *Ursache* und *Wirkung* – logisch verbunden werden müssen, aber ebenso wahr scheint mir zu sein, dass diese Begriffe im Rahmen der Denkoperationen/Analysen, *rigoros abgegrenzt* werden müssen, denn sie haben sehr oft unterschiedliche Identitäten. Wenn wir durch die Ursache der Farbempfindung ausschließlich die elektromagnetischen Wellen verstehen, was vollkommen wahr ist, dann erscheint mit Klarheit, dass diese Ursache, von dem Objekt, präzise gesagt *durch* das Objekt *mittelbar* kommt (siehe Note 38). Nur wenig spekulativ könnten wir dann sagen, dass diese Ursache *indirekt* hylogen ist. Die Kette wird jetzt sehr klar: *Der Ausgangspunkt der Ursache der Farbempfindung ist hylogen* ***determiniert*** – im Sinne, dass die Materie, durch ihre spezifische chemische Eigenschaft, gewisse Frequenzen für gewisse Farben reflektiert. *Die Wirkung dieser Ursache* (die Farbempfindung als solche) *ist zweifelsohne psychogen*. Wie verschieden sind die Identitäten der Ursache und der Wirkung im Falle der Farben! Was für eine wunderbare Philosophie Lektion ermöglicht uns das Phänomen der Farben!

Die Tatsache berücksichtigend, dass die elektromagnetischen Wellen die Ursache der Farbempfindung *in* und vor allem ***durch*** *das Objekt sind*, können wir jetzt eine andere Serie von Behauptungen zu der Rolle des Objektes in dem Phänomen Farbe neu bewerten. Demokrits Aussage *„der Eindruck einer Farbe entstehe nur infolge der Lage der Atome"* ist in keinem Fall in Opposition mit der modernen Theorie der *Fotonen*, denn zu seiner Zeit konnte der antike Philosoph an die sub-atomaren Größen (Quanten) nicht denken! Auch Aristoteles lag richtig, als er behauptete, dass die Perzeption der Eigenschaften eines Objektes nur ein Prozess von *Assimilation* und *Aktualisierung* in dem Sinnesorgan (für Farben: menschliches Auge) ist. Aktioniert nicht die elektromagnetische Welle auf das Auge? Als Descartes sprach von *Korpuskeln* und deren *geometrischen und kinematischen* Eigenschaften des Objektes war er eigentlich nicht sehr weit von dem aktuellen Wissen – nur die Terminologie macht einen Unterschied. Besonders die Idee der *Kinematik*, also Bewegung, scheint sehr aktuell zu sein und *„Korpuskel"* ist leicht ersetzbar durch *„Quante"*! Auch alle von Al Saleh beschriebenen objektivistischen Theorien (Physikalismus, Dispositionalismus und Primitivismus) haben zum Teil Recht, denn sie auf der Erkenntnislehre (Epistemologie) der Perzeption gründen entsprechend welcher das Subjekt durch Perzeptionen *existierende* Eigenschaften in der Welt erkennt. Und niemand kann bestreiten, dass das betrachtete Objekt und auch die elektromagnetischen Wellen, die es reflektiert, *existieren*. Letztendlich referieren alle Untersuchungen der Physik auf das Thema Farbe überwiegend auf das Objekt und weniger auf das Subjekt.

Bevor ich dieses Kapitel abschließe, ist es nötig noch einige Bemerkungen zu machen. Diejenigen, die andere Texte über die Farben lesen würden, werden mit Sicherheit Begriffe wie Ort einer Farbe und sogar Geometrie einer Farbe antreffen. Absichtlich habe ich kein Wort darüber geschrieben, weil ich der Überzeugung bin, dass eine Farbe als solche weder Ort noch Geometrie haben kann. Alle Theorien in Verbindung mit dem Ort und der Geometrie der Farben sind aus dem Wunsch entstanden, graphisch so viele Farbnuancen darzustellen und so die Verwandtschaft zwischen diesen und auch die Möglichkeiten, diese zu mischen, bildlich zu zeigen. In diesem Kontext ist auch die Rede von einer topogenen Eigenschaft der Farbe, die eher der Kolorimetrie (Metrik der Farben) zuzuschreiben ist. In dieser Weise ist eine Fülle von zwei- und dreidimensionalen Darstellungen der Farben entstanden, alle faszinierend, mit einer Menge Nuancen, die aber von einem Ort der Farben *in diesen Darstellungen* sprechen und überhaupt nicht von einem Ort der Farbe in der Natur oder in der menschlichen Wahrnehmung. Auch über Farbtemperatur und anderen wichtigen Eigenschaften der Farben habe ich kein Wort geschrieben. Dieses Mal, um nicht zu sehr den Leser mit Informationen zu belasten, die für das Hauptanliegen des Textes nicht von Belang sind.

In der Hoffnung, dass ich die nötigen Erörterungen über die Farben, die wirklich dienlich dem Hauptthema sind, dem Leser übermittelt habe, schließe ich jetzt den „Dokumentarischen Teil" und lasse Platz dem „Essayistischen Teil". Jedoch nicht bevor ich drei Schlüsselsätze in Erinnerung bringe:

- Was wir Farbe nennen, existiert nicht außerhalb des Subjektes, nämlich außerhalb seines Gehirns.
- Die Farbe ist nur eine spezifische Reaktion auf den Impuls/Reiz der elektromagnetischen Wellen auf das Auge.
- Die Fähigkeit, Farbe zu sehen, ist ein herrliches Geschenk, das die Natur dem menschlichen Sein gereicht hat.

***

III - ESSAYISTISCHER TEIL

DAS MENSCHLICHE SEIN UND DAS EMPFANGENE GESCHENK

In diesem Kapitel versuchen wir die Relation des Subjektes mit der Farbe zu analysieren. Präziser: Was unternimmt der Mensch mit der Farbe als Geschenk der Natur? Dafür richten wir uns nach den Kriterien der *Häufigkeit*, *Intensität* und *Qualität* der Beziehung zwischen menschlichem Sein und Farbe. So werden wir mehrere Kategorien mit verschiedenen Graden/Werte dieser Beziehung ausloten.

FARBE IM ALLTAG

Die erste Kategorie dieser Beziehung hat den niedrigsten Grad und für das Subjekt einen minimalen psychologischen Wert. Von einem spirituellen Wert kann überhaupt keine Rede sein. Es ist der tägliche, ununterbrochene Kontakt mit der Farbe. Im Wachzustand, 15 bis 17 Stunden am Tag, perzipieren wir Tausende, wenn nicht sogar Millionen Farbimpulse fast ohne zu bemerken. Darüber sagen wir, dass in diesem Fall die Häufigkeit des Kontaktes mit der Farbe immens ist, während seine Intensität zur Null tendiert. Nur wenn wir durch einen Unfall oder Krankheit die Fähigkeit, Farben zu sehen, plötzlich verlieren würden, könnten wir die Wichtigkeit und Schönheit dieses Geschenks von der Natur begreifen. Aber weil dieser Fall extrem selten ist, vernachlässigen wir die Farbe und nehmen sie als etwas Selbstverständliches, ebenso wie die unbewusste und permanente Aktion zu atmen. Man könnte sagen, dass so ein Kontakt mit der Farbe enttäuschend ist. Aber es ist nicht sehr schlimm, weil im Rahmen der täglichen und ununterbrochenen Relation des Menschen mit der Farbe, diese letztere sozusagen inflationär ist – sie verliert ihren Wert!

FARBE ALS INFORMATION

Die Relation Mensch-Farbe bleibt nicht bei diesem Niveau. Auch im täglichen Leben bekommt die Farbe oft die Funktion, Dinge zu identifizieren. Zum Beispiel „Gib mir bitte den Kaffe in der *roten* Tasse" oder „Heute nehme ich die *grüne* Jacke". So wird die Farbe *Identifikationsmittel*, wenn auch bei einem ziemlich primitiven Niveau. In derselben Kategorie reiht sich auch die konventionelle Nutzung der Farbe. Zum Beispiel die Verkehrsampeln, wo verschiedene Farben etwas *bedeuten*: anhalten, weiter gehen oder fahren etc. Im Vergleich mit dem ersten Grad des Kontaktes mit der Farbe, ist die Häufigkeit in dieser Kategorie etwas reduziert, während die Intensität dieser Art von Kontakten wächst (wir geben viel mehr acht auf die Farbe) gleich mit ihrer Qualität. So wird die Farbe auch ein *Informationsmittel*, oft von erhöhter Wichtigkeit. Wir fügen hinzu, dass in Anfangsphasen der menschlichen Evolution und auch jetzt bei einigen Tieren, die Farbe ein wichtiges Informationsmittel bezüglich der Nahrung ist: Wo diese sich befindet und ob sie essbar ist (besonders im Falle des Obst oder Gemüses). Diese unbestreitbare Funktion der Farbe veranlasst auch heute einige Philosophen, das Phänomen Farbe in einer *evolutionären* Perspektive zu verstehen. Der wichtigste Vertreter dieser Meinung ist der amerikanische Philosoph Daniel Dennett. Auch heute sind bei den Menschen Spuren der ursprünglichen Farbfunktionalität festzustellen: Niemand wird grünliche Tomaten kaufen, weil diese mit Sicherheit noch nicht reif sind. Die Farbe als *konventioneller* Übermittler von Informationen!

SYMBOLIK DER FARBE

Eine dritte Kategorie der Relationen des Menschen mit der Farbe ist die *Symbolik* der Farben. Im Rahmen dieser Kategorie werden die Beziehungen mit der Farbe psychologisch noch intensiver, obwohl deren Häufigkeit im Vergleich mit den ersten zwei Kategorien nochmals abnimmt (wir konfrontieren uns nicht auf Schritt und Tritt mit Symbolen!). In Bezug auf die Farben ist hier die Rede von zwei Art Symbolen. Einige sind ethnologischer Art, d. h. von jeder Nation durch Tradition festgelegt. Diese können sich im Laufe verschiedener Evolutionsalter einer Nation auch ändern. Eine andere Gruppe von Symbolen entsteht von den eigenen persönlichen Erfahrungen jedes Subjektes. Für die Farben ist hier die Rede über die Akzeptanz (Sympathie bis Liebe) oder Inakzeptanz (Ablehnung bis zur Abneigung/Scheu) für eine oder andere Farbe. Weil hier ausschlaggebend eine persönliche Beziehung zu einer Farbe ist, könnte nicht mehr von einem Symbol gesprochen werden, sondern eher von einer psychologischen Relation mit der Farbe – sicher aber von einer mit symbolischem Charakter. Die Funktionalität solcher Relationen mit der Farbe, also auch ihrer Qualität ist für die beiden Fälle – traditionell akzeptierte Symbole und persönliche Neigungen – immer die gleiche: Die Farbe „sagt" etwas und dabei affektiert sie die Psyche oft in beachtlicher Intensität. Als Beispiele für die Symbolik der Farben erinnern wir: Schon in frühen Zeiten der Zivilisation wurden die Himmelsrichtungen in Verbindung mit Farben gebracht. In der Maia Kultur bedeutete *Rot* Ost, *Weiß* Nord, *Schwarz* West und *Gelb* bedeutete Süd. Im alten China bedeutete *Blau* Ost, *Schwarz* Nord, *Weiß* West, *Rot* Süd und *Gelb* das Zentrum. In den Volkstraditionen fast überall in Europa *Grün* bedeutet Hoffnung, *Blau* bedeutet Treue, *Gelb* Eifersucht, *Rot* Liebe, *Weiß* Unschuld und *Schwarz* bedeutet Tod/Unglück. Bei den Japanern, zum Beispiel ist die Trauerfarbe *Weiß* und bei den alten Ägyptern *Rot* und *Oker* symbolisierten Bedrohung. Mysteriös und geheimnisvoll klingen in Alchemie die Namen von verschiedenen Initiationsstufen, symbolisiert durch Farben: *Nigredo* (vom Schwarz für Dissolution und Dekomposition), *Albedo* (vom Weiß für die kleinen Mysterien), *Rubedo* (vom Rot/Rubin für die großen Mysterien) und die Initiaten freuten sich über die *Smaragdine* Vision, ein Smaragd-Grün, das auch in einigen islamischen Praktiken zu treffen ist. Wir erinnern auch daran, dass in der Renaissance ein System von Symbolen eingeführt wurde, das eine Farbe, ein Planet und ein Element assoziierten. *Gelb* symbolisierte die Sonne und das Gold, *Weiß* symbolisierte den Mond und das Silber, *Rot* symbolisierte den Planet Mars und das Eisen, *Schwarz* symbolisierte den Planet Saturn und das Blei etc. Auch verschiedene Farbkombinationen bekamen eine Symbolik. Zum Beispiel *Blau neben Gold* bedeutete gute Laune und Unterhaltung, während *Blau neben Rot* Unhöflichkeit bedeutete und *Schwarz neben Gold* bedeutete Ehre und Langlebigkeit etc. Solche Beispiele können beliebig vermehrt werden, aber ich glaube nicht, dass sie zum Zweck dieses Textes entscheidend dienen. Zum Schluss ist es zu notieren, dass die persönliche Akzeptanz oder Ablehnung (Inakzeptanz) einer Farbe entweder „externe" oder „interne" Gründe haben kann. Die so genannten „externen" Gründe können aus einer positiven oder negativen Erfahrung mit einer Farbe entstehen. Ich glaube nicht, dass jemand, der einen Nahestehenden blutüberströmt sterbend gesehen hat, jemals von der Farbe Rot angezogen sein würde ... Die so genannten „internen" Gründe der Akzeptanz oder Ablehnung einer Farbe sind noch nicht von der Neuropsychologie ausgelotet – siehe die *Qualia* (Note 28)! Zum Beispiel verstehe ich, besser gesagt *fühle* in der Farbe Hellblau etwas ganz anderes, als in der oben erwähnten und allgemein akzeptierten Farbsymbole. Die Farbe Grün, außer ihren Erscheinungen in der Natur, kann ich überhaupt nicht leiden, obwohl ich nie eine negative Erfahrung mit dieser Farbe hatte. Warum? Weiß ich selber nicht ... Die Wissenschaft hat zu diesem Thema noch ein „Wörtchen" zu sagen!

AKTIVE BEZIEHUNG MENSCH-FARBE

Verglichen mit den bis jetzt erwähnten Kategorien von Beziehungen des Menschen mit der Farbe, ist die nächste eine etwas speziellere. Ich sage „speziellere", weil dabei das Subjekt zum ersten Mal eine *aktive Relation* mit der Farbe hat – im Gegenteil zu den anderen oben geschilderten Relationen, wo es gleichgültig oder relativ passiv zu den Farben ist. So hat dieser Typ von Relation Mensch-Farbe eine *erhöhte Intensität* und *Qualität*. Es ist der Fall in welchem das Subjekt bestimmte bevorzugte Farben *aktiv* in seine Nähe bringt, um seine private Umgebung (siehe Wohnung) einzurichten, oder seine Erscheinung in der Gesellschaft durch die Bekleidung zu bestimmen. Wenn das Subjekt nicht *vollkommen* und „blind" der Mode sich unterordnet, wird es entsprechend seiner Persönlichkeit und Geschmack die Farben für seine Umgebung und Bekleidung wählen. Die Auswahl kann sogar kreativ sein und somit eine Vorstufe der Kunst werden (auch die Künstler drücken sich oft durch die Farbe aus)! Es ist bekannt: nicht selten „spricht" die Farbe der Bekleidung über die Grundstimmung des Trägers. Traurig oder lächerlich und manchmal sogar abstoßend sind die Fälle jener, die sich, besonders im Bereich der Bekleidung, der Mode vollkommen unterordnen. Dabei unterordnen und verletzen sie bis zur Verstümmelung und Zerstörung ihre eigene Persönlichkeit (falls sie noch eine haben ...).

FARBE IN DER NATUR

In unserer Aufzählung von verschiedenen Typen, Graden und Werte der Relationen des menschlichen Seins mit den Farben erwähnen wir jetzt eine vorletzte Kategorie, die *die Faszination der Farben in der Natur* genannt werden könnte. Obwohl ziemlich selten, passiert es jedem wahre, in ihrer Schönheit und Großartigkeit regelrecht überwältigende „Farbvorstellungen" der Natur, zu bewundern. Die Rede ist zum Beispiel von Sonnenauf- und Untergängen mit Tausenden Nuancen von Rot, Orange und Gelb, über beeindruckende Vulkaneruptionen oder winterliche Berglandschaften. Diese letzteren, mit ihren im Vordergrund verschiedenen Nuancen von Grün leicht mit Weiß gemischt, die weiter, immer weiter, quer durch die Gebirgsketten, in Tönen von Grau, Blau und Violett sich verwandeln, bilden ein wahres „Konzert" von Farbnuancen. Es ist als ob diese Farbtöne von einem genialen Künstler harmonisiert wären! Ebenso beeindruckend ist der ständige Farbwechsel des Meeres kurz vor einem Sturm. Solche Landschaften faszinieren und übermannen die Seele. Der Mensch bleibt eine gewisse Zeit in der Ekstase der Kontemplation stehen – als verließe er für eine Weile *seine Zeit...* Das menschliche Sein versucht den ergreifenden Eindruck *mit sich zu nehmen*, in sein Ich zu registrieren, diesen ins Gedächtnis zu verankern. Die wunderbare Farbvorstellung wird zur Erinnerung, die oft bis ans Ende des Lebens nicht gelöscht werden kann. In dieser Weise werden solche Landschaften eine Art *„emotionell-ästhetische Archetypen"*. Die Farben sind in solchen Fällen der operative Hauptagent dieser außerordentlichen psychologischen Erlebnissen. Es ist in diesem Fall klar, dass die Intensität des Kontaktes mit den Farben sehr groß ist. Leider ist die Häufigkeit sehr reduziert – einige Menschen haben das Privileg, so etwas bewusst zu erfahren nur ein paarmal im Leben.

FARBE UND KUNST

Erst jetzt können wir mit Berechtigung zu der letzten Kategorie der Relationen des Menschen mit der Farbe übergehen. Es ist die höchste und komplexeste Kategorie. Die Qualität und die Intensität der Relationen Subjekt-Farbe, über welchen sie referiert, sind oft maximal. Wir sprechen über die *Relation des menschlichen Seins mit den Farben* **in** *und* **durch** *die Kunst.* Von vornherein sagen wir, dass in dieser Kategorie sowohl das Prinzip der *Faszination* (mindestens als Gebot), das wir in der vorigen Kategorie festgestellt haben, als auch das der *aktiven Relation* mit der Farbe (natürlich vom Standpunkt des Künstlers), das wir oben angedeutet haben, charakteristisch sind. Natürlich sind in der Relation menschlichen Seins-Farbe in Kunst beide Prinzipien sehr vertieft, nuanciert und potenziert. Es dürfte schon klar sein, dass im Rahmen dieser Kategorie immer zwei Menschen beteiligt sind: Der Künstler als „Sender" sozusagen des farblichen Ausdruck/Aussage und der Kunstbetrachter als „Empfänger" dieser. Selbstverständlich ist es auch, dass in dieser Kategorie die Referenzen immer in Bezug auf die sogenannten „visuellen Künste" sind: die Malerei, das Theater (beinhaltend das Bühnenbild und die Kostüme), die Fotografie, der Film und nur in einem geringeren Ausmaß die Architektur (mit ihrer Sparte Innenarchitektur) und die choreographischen Vorstellungen (d. h. Tanz/Ballett). In allen diesen Ausdrucksformen spielt die Farbe eine gewisse Rolle, manchmal von höchster Wichtigkeit und manchmal nur sekundär. Dabei möchte ich behaupten, dass in einem künstlerischen Akt ist die Farbe fast nie alleine das *einzige* Ausdrucksmittel. Jedes Kunstwerk ist immer eine Zusammensetzung von mehreren Ausdrucksmitteln.

Obwohl es Ausnahmen gibt – einige davon sehr spektakulär und von großer Effizienz – glaube ich es ist nötig zu betonen, dass in den choreographischen Vorstellungen und in der Architektur die Farbe, als Ausdrucksmittel verstanden, eher eine untergeordnete Funktion hat. Während in der Kunst der Fotografie, des Films und des Theaters die Rolle der Farbe wächst (in dieser Reihenfolge). So wird die Farbe in der Malerei nicht selten sogar als Hauptausdrucksmittel angewendet. In diesem Text beabsichtigen wir nicht eine stilistische Analyse der Rolle/Funktionalität der Farbe in der Kunst im Allgemeinen vorzunehmen – es würde eine Abhandlung benötigen, die über mehrere Bücher sich strecken würde! Folglich begnügen wir uns, nur einige Beispiele von der Malerei und der Filmkunst ins Gespräch zu bringen. Dabei werden wir nur auf dem Niveau des Beispiels mit kurzen Anmerkungen bleiben. Wir müssen diese „verkürzte" Form der Präsentation annehmen wegen der Tatsache, dass besonders diese zwei Kunstformen sehr komplex sind und, so wie oben angedeutet, das Element Farbe in seiner ästhetischen Funktionalität sehr stark mit anderen Ausdrucksmitteln verbunden ist. In der Malerei ist die Farbe im untrennbaren Verbund mit der Form, Linie und Komposition des Bildes. Im Film agiert die Farbe im Zusammenhang mit dem Schnitt (das Tempo und die Weise in welcher die Bilder folgen), mit der Musik, dem Spiel der Schauspieler, der Komposition des Bildes etc. Von so einem organischen Konglomerat von Ausdrucksmitteln ein einziges – die Farbe – herauszunehmen und ästhetisch zu analysieren, als ob es ein einzelnes selbständiges Element wäre, halte ich für einen fatalen methodischen Fehler. Dadurch würde ein steriler, künstlicher „ästhetischer Diskurs" entstehen – nicht weit von einem belanglosen Gequatsche. Die (wahre)stilistische Analyse ist die wichtigste und auch die schwierigste Disziplin der Ästhetik.

FARBABSTINENZ IN DER KUNST

In der Kunstgeschichte gibt es zwei mögliche Faktoren, die zu einer Verminderung der Farbgebung oder der intensiven Farbgebung geführt haben und auch heute führen könnten. Eine dieser Faktoren ist *historisch bedingt*. Nicht immer stand der Malerei zur Verfügung die volle Farbpalette von Pigmenten, die wir heute kennen. Auch die Filmkunst und die Fotografie hatten nicht immer die „Colortechnik" als mögliche Ausdrucksmittel. Der andere Faktor, der zur Meidung oder Minderung der Farbgebung führt, ist von *ästhetischer Natur*. Trotz das in unserer Zeit, wo Farben, Färbemittel und Techniken aller Art leicht verfügbar sind, ist dieser Faktor immer wieder präsent. Es gab und gibt auch heute eine gewisse ästhetische Sensibilität der Künstler, die

die farblichen Übertreibungen (oft Merkmal des Dilettantismus) „bremst". So bevorzugen einige Künstler sogar, sich ein- oder zweifarbig auszudrücken – auf jeden Fall ihre Farbpalette drastisch zu reduzieren. Für eine gewisse „Farbabstinenz" können wir unter anderem erwähnen: Ein *Selbstbildnis* von Rembrandt (1659), die Bilder *Marietta - die römische Odaliske* (1843), *Die Perlenfrau* (1868-70) von Jean-Baptiste Corot und *Sonnenblumen* von Van Gogh im Jahr 1888 gemalt. In dieser Hinsicht erinnern wir auch an alle Bilder, die Odilon Redon bis 1890 in Schwarz-Weiß gemalt hat und an einige Arbeiten der Künstlergruppen der Nabisten und der Symbolisten. Im Sinne desselben Gebots der „Farbabstinenz", entstand in der Filmkunst eine ganze Serie von Meisterwerken absichtlich in „Schwarz-Weiß" gedreht. Wir erwähnen gerne die Filme von Alain Resnais (*Hiroshima, mon amour* und *Letztes Jahr in Marienbad*), *Rocco und seine Brüder* von Luchino Visconti, *Das Lied der Straße* (*La strada*) von Frederico Fellini, *Alexis Sorbas* von Michalis Cacoyannis und *Andrei Rubliov* in der Regie von Andrei Tarkowski. Dem zuletzt zitierten Film werden wir etwas später einige Seiten widmen. Es ist signifikant, dass auch jetzt die größere Mehrheit der Ausstellungen mit Kunstfotografie Arbeiten in „Schwarz-Weiß" zeigen. Meiner Meinung nach gehören die Minderung und die Meidung der Farbigkeit zu einer allgemeinen und fast ständigen Tendenz in der Kunst. Nämlich den künstlerischen Ausdruck bis zu einem nötigen Minimum zu reduzieren zu Gunsten des geistlichen Inhalts des Werkes. Anders ausgedrückt: Zu verzichten auf alles, was „Ballast" bedeuten könnte und die Aufmerksamkeit des Betrachters von der zentralen Idee des Werkes ableiten würde. Dabei ist eine ungewollt intensive Emotionalität zu zählen und, vor allem die übertriebene Vermehrung der Elemente, die der Perzeption durch das Kunstwerk angeboten werden. Das Verfahren der Stilisierung und der Abstraktisierung sind dieser Tendenz der Reduktion auch nicht fremd.

DREI FUNKTIONEN DER FARBE IN DER KUNST

Wir richten jetzt die Aufmerksamkeit auf die Bild-Künstler, die die Farbigkeit sehr schätzen. Nicht wenige von ihnen sind selbst fasziniert von den Farben und wenden diese so meisterhaft an, dass sie dem Betrachter ihrer Werke es ermöglichen, sich über das herrliche Geschenk der Natur – die Fähigkeit, Farben zu sehen – auf höchstem Niveau zu freuen. Wir teilen die Funktionalität der Farbe im Bild in drei Kategorien. Entsprechend dieser Teilung kann die Farbe eine *denotative Funktion*, eine *dekorative Funktion* und eine *konnotative* oder *psychologisch-induktive Funktion* haben. Im Rahmen der *denotativen* Funktion erfüllt die Farbe das Gebot der Treue des Bildes gegenüber der Natur. Neben der Form zeigt die Farbe, von welchem Objekt in dem Bild die „Rede" ist (Feuer? Schnee? Wasser? etc.). Im Rahmen ihrer *dekorativen* Funktion trägt die Farbe entscheidend zu der allgemeinen Gestaltung/Aspekt des Bildes bei, die der Künstler dem Bild verleihen will – siehe *die Farbkomposition,* die in der Regel nach dem Prinzip der Harmonie hergestellt wird (es gibt auch Fälle der gewollten Disharmonie). Im Rahmen ihrer *konnotativen* oder *psychologisch-induktiven* Funktion bekommt die Farbe eine außerordentlich wichtige Rolle. Dabei drückt sie eigentlich die persönlichen Intentionen und Kommentare des Künstlers aus. In diesen Fällen verursacht sie oft im Betrachter intensive Farbwahrnehmungen, die seine Psyche regelrecht *durchdringen* (deswegen nenne ich diese Funktion *induktiv*). In so einem Fall wird auch über Farbeffekte gesprochen. Wenn die Farben *konnotativ/psychologisch-induktiv* funktionieren, stehen sie eindeutig unter dem Zeichen der *Freiheit*. Es ist sowohl die *absolute Freiheit des Künstlers*, durch solche Farbausdrücke die von ihm gewünschte emotionelle Richtung dem Bild zu verleihen, als auch die *absolute Freiheit des Betrachters*, durch solche Effekte zu verstehen und vor allem zu fühlen, was er persönlich möchte. Mit anderen Worten: Es ist die Freiheit des Betrachters zu den Konnotationen und Metaphern zu gehen, die die Farbe ihn inspirieren lassen. Wir erinnern daran, dass die Freiheit des Betrachters bei der Farbwahrnehmung hauptsächlich der Unbestimmtheit eines Informations- und rationellen Korrelats der Farbe zu verdanken ist. Die *Qualien* spielen dabei auch eine Rolle und auch die Tatsache, dass keine Farbe als solche ein festes *Signifikat* übermittelt, weil sie keine eigene allgemein akzeptierte *Signifikation* hat. Diese Gründe haben wir schon oben in dem Text erörtert (Kapitel *Was sagt die Philosophie über die Farben?*). Es ist unbestreitbar, dass die *konnotative* oder *psychologisch-induktive* Funktion der Farbe im Bild auch die höchste und die ergiebigste aller Funktionen der Farbe ist. Darum werden wir in unseren Beispielen überwiegend Bilder erwähnen, in denen die Farbe diese dritte Funktion hat. Vorher ist es aber nötig zu unterstreichen, dass die drei möglichen Funktionen der Farbe im Bild nicht verstanden dürfen als wären sie independent voneinander und umso weniger als räumlich isoliert. Etwa in demselben Bild eine denotative Farbe hier, nebenan eine Farbzone mit dekorativer Funktion und dort eine mit konnotativer Funktion. Vielmehr kann eine und dieselbe Farbzone zwei und manchmal vielleicht alle drei Funktionen gleichzeitig haben. In dieser Hinsicht bemerken wir, dass sowohl die *denotativ* funktionierenden Farben, als auch die, die *konnotativ* funktionieren, auch die *dekorative* Funktion gleichzeitig und in gleichem Maße haben. Denn ihre Gestaltung ist das Ergebnis des Farbkonzeptes des Künstlers für das ganzes Bild (sei es im Sinne der Harmonie oder der gewollten Disharmonie). Nicht weniger wahr ist auch die Tatsache, dass z. B. eine Farbzone mit *konnotativ/psychologisch-induktive* Funktion (Effekt!) die erwartete denotative Funktion ausschalten und ersetzen kann (z. B. das Gesicht einer Person in Tiefblau gemalt). Alle möglichen Permutationen und alle Änderungen der Wichtigkeitsschwerpunkten unter diesen drei Funktionen der Farbe sind in der Kunst möglich. Die Seele der Kunst ist auf Ewigkeit mit der Freiheit gepaart! Jetzt die versprochenen Beispiele.

Im Sinne der drei oben postulierten Typen von Funktionalität der Farbe im Bild habe ich nur Kunstwerke gewählt, in welchen die Farbigkeit deutlich nicht nur die denotative Funktion hat, sondern *aktiv* und *sehr persönlich* (durch unkonventionelle, unerwartete Elemente und Effekt) zu der dekorativen und vor allem zu der konnotativen Funktion tendiert. Anders gesagt: Bilder, in welchen die Farbe mehr als erwartet und nötig „spricht". Es ist evident, dass das Kriterium selbst subjektiv ist, folglich auch die Auswahl. Dass diese letztere nicht alle möglichen Beispiele beinhaltet, dürfte sogar selbstverständlich sein.

FARBE IN MALEREI

Nach einer ziemlich langen „Reise" durch den universellen Bild-Thesaurus – mit der vorgeschichtlichen Höhlenmalerei begonnen und mit der ägyptischen, etrusken, griechischen, byzantinischen Malerei etc. fortgesetzt – überrascht uns in Hinsicht der Farbe zuerst das italienische *Duecento*. In diesem Jahrhundert (des 13.) bildete sich im Mittelmeerraum eine neue künstlerische Sensibilität. Diese war von dem verbreiteten Kult für Sankt Franziskus von Assisi und auch von dem Wunsch, zu der Größe des längst untergangenen Römischen Imperiums zurückzukehren, getragen. Charakteristisch für die Kunstwerke dieser Zeit ist eine expressionistische und dramatische Tendenz. Der Forscher André Chastel sagt, besonders in der Schule von Siena wird *„die Eleganz der Linien, der raffinierten Farbakkorde, die poetische Emotion und der Flug der Imagination"* kultiviert. Obwohl die Farbe noch nur die dekorative Funktion erfüllt, hat sie in einigen Bildern eine beachtliche Vibration und Schönheit. Wir nennen von der Siena Schule die Arbeit *Geburt des Hl. Johannes der Täufer* (ca. 1270-80) im Besitz der Pinakothek der Stadt. In gleicher Hinsicht gehen wir weiter in das *Trecento* aus Siena und erwähnen den Maler Duccio di Buoninsegna mit den Arbeiten *Anbetung der Heiligen Drei Könige* (ca.1302-11), *Drei Marien am Grabe* und *Christi Höllenfahrt* (ca.1308-11), alle in dem Museum der Kathedrale von Siena zu sehen. In dem *Trecento* aus Florenz ist an Giotto di Bondone zu erinnern mit dem Freskdetail aus der Kirche San Francesco in Assisi *Der Hl. Franziskus schenkt seinen Mantel* (ca. 1300). Angekommen in das *Quattrocento* in Florenz stellen wir fest, dass die Akkorden und die Töne der Farben noch raffinierter sind, obwohl sie immer noch bei ihrer dekorativen Funktion bleiben. Unvergesslich sind die Arbeiten von Giovanni da Fiesole auch „Fra Angelico" genannt: *Verkündigung,* Freske im Kloster San Marco in Florenz (ca. 1437), *Marienkrönung* (1430-40) aufbewahrt im Museum Louvre, Paris und die sehr mutige Farbgebung von der Arbeit *Verkündigung* (nach 1450), die auf einer Schranktür mit Szenen von Christus Leben bemalt ist und sich in dem Kloster San Marco in Florenz befindet. Ich glaube man kann zu Recht sagen, dass das ganze Quattrocento, sowohl in Florenz als auch in Umbrien, Padova oder Venedig durch große „Koloristen" mit besonderer Liebe für die Farben und ausgesprochenem Können, diese anzuwenden, sich profiliert. Neben den schon erwähnten Künstlern sind noch aufzuzählen Masaccio, Ucello, Piero della Francesca, Botticelli etc. Bei der Fortsetzung unserer Reise durch die schöne Welt der Farben treffen wir im italienischen *Cinquecento* den großen Michelangelo Buonarroti. Wir bewundern sein ganzes Werk und was besonders die Farben betrifft *Die Heilige Familie* (1503) bei Uffizi Museum in Florenz und *Judith und Holofernes*, Teil der berühmten Freske in der Sixtinischen Kapelle (1508-12) im Vatikan. Auch im Cinquecento beachten wir die unwahrscheinlich starken und akkuraten Farben der Arbeit von Giorgio Barbarelli („Giorgione" genannt) *Die drei Philosophen*, die sich im Kunsthistorischen Museum Wien befindet. Ebenso vergnügen wir uns mit den eindrucksvollen Farben (die sogar zu Symbolen werden!), die in der Arbeit von Jacopo Robusti, alias „Tintoretto" (1518-1594) *Christus gehend über das Wasser* (National Gallery of Art, Washington), zu sehen sind.

Mit Sicherheit von dem neuen Geist der Renaissance beeinflusst, der damals in ganz Europa sich verbreitete, aber auch unter dem Eindruck „italienische Lektion", erlebt die Malerei von den übrigen Ländern ein „Aufwachen" von den mittelalterlichen Dogmen und wagt sich auf den Weg zum Raffinement und sogar zur Suche nach neuen Ausdrucksmitteln. Ein junger griechischer Künstler namens Domenikos Theodokopoulos verließ seine Heimat, die Insel Kreta, und ging nach Venedig und Rom, wo er eine Zeit weilte. Danach übersiedelte er nach Spanien, in die Stadt Toledo, wo er unter dem Namen El Greco (der Grieche) eine erstaunliche Karriere als Künstler gemacht hat. Dank seines außerordentlichen Talentes und Kenntnissen hat er zur Evolution der spanischen Malerei entscheidend beigetragen, indem er das erwähnte „Aufwachen" dort einleitete. In Hinsicht der Farbe ist seine Arbeit *Jungfrau Maria* – ein Detail von der *„Die Heilige Familie mit der hl. Anna"* in dem Krankenhaus Tavera von Toledo – nicht nur ein Meisterwerk, sondern auch ein „Unikum" und ein „Novum". Erstaunlich und faszinierend wie die Farbe Rosa des Mantels – ausgesprochen Rosa, das so riskant in Malerei ist! – in einem viel helleren Ton auf das Gesicht von Maria übergeht! Im selben Geiste erwähnen wir auch El Grecos Bild *Ansicht von Toledo* (bei Sturm)(1608), aufbewahrt im Metropolitan Museum von New York. Nur zwei Farben, Grün und Tiefblau, sind in diesem Bild das Hauptausdrucksmittel aber sie übernehmen alle Funktionen der Volumen, Linien und auch die des Lichtes. Der Himmel in diesem Bild ist mit einer Freiheit und Unkonventionalität gestaltet, die nur in den Aquarellen des 20. Jahrhundert noch zu treffen sind!

Es ist jetzt angebracht, eine kurze Pause in unserer „Reise" durch die Welt der Farben in der Malerei zu machen, um zu betonen, dass bis zu diesem Zeitpunkt weder die Philosophie noch die Physik ein tieferes Wort über die Farben gesagt haben. Als El Greco das letzte von uns erwähnte Bild malte, im Jahr 1608, war

Descartes nur 14 Jahre alt und Newton war noch nicht geboren. Wie viel wussten schon die Maler über die Farben, über die Techniken, diese herzustellen, zu mischen und vor allem diese zu harmonieren!

Nun sind wir im 17. Jahrhundert und treffen auch in Spanien Francisco de Zurbarán. Neben seinen berühmten Stillleben, die extrem lebendige und vibrierende Farben aufweisen, wie z. B. *Teller mit Zitronen, Korb mit Orangen und Rose* (1633), schöpft der Künstler ein überragendes Bild: *Die Heilige Casilda von Toledo* (1638-43): eine verblüffende Zusammensetzung von Violett, Blau, Rot und Oker! Wie schon gesagt die Emanzipation im Allgemeinen und besonders die, im Bereich der Farben, setzt sich in ganz Europa fort: In Holland durch Jan Vermeer van Delft. Von seinen Arbeiten erwähnen wir gerne das berühmte Bild *Das Mädchen mit dem Perlenohrgehänge* (1665?). In Frankreich treffen wir Georges de la Tour, der eigentlich ein unübertroffener Meister des Lichtes im Bild ist, aber dabei gibt er die Relation zwischen Farbe und Licht einmalig wieder, wie z. B. in *Die wachende Magdalena* oder *Der heilige Joseph als Zimmermann* – beide im Louvre, Paris. Im nächsten Jahrhundert, das 18., vollen wir, was die Farben betrifft, mindestens an Giambattista Tiepolo erinnern und gerne sein Bild *Der Triumph von Zephir und Flora* zitieren.

Im Sinne der von uns festgelegten Auswahlkriterien – die Emanzipation der Farben im Bild – bringt das 19. Jahrhundert in der Ästhetik des Bildes einen wahren (positiven!) „Schock". Wir lassen die vielen und sehr komplexen Ursachen dieser Erneuerung beiseite – es würde die Aufzählung unerträglich ausdehnen! Wir signalisieren nur, dass diese Ursachen in den großen Veränderungen und Erneuerungen dieses Jahrhunderts im Allgemeinen gesucht werden müssen: politische Veränderungen, soziale, wissenschaftliche und technische und nicht zuletzt kulturelle Veränderungen. Zuerst nennen wir den deutschen Künstler Caspar David Friedrich. Er ist vielleicht der Erste, der in seinen Bildern – die eher Visionen sind – der Farbe die Hauptrolle gibt und ihr die von uns genannte *konnotative* oder *psychologisch-induktive* Funktion vollkommen verleiht. Die Farben bei Friedrich muten irreal an, sind betont penetrant und zwingen den Betrachter, alles so zu sehen, wie durch einen farbigen, vor allem subjektiven Filter. Absolut inedit sind in der Kunstgeschichte bis Friedrich die Arbeiten *Gebirgslandschaft mit Regenbogen, Frau vor der untergehenden Sonne* (1808), beide im Folkwang Museum Essen und *Zwei Männer in Betrachtung des Mondes* (1819). Aber der wahre „Schock" und unbestrittener Antrieb für die moderne Kunst, die kurze Zeit danach entstehen wird, ist das Werk des englischen Malers William Turner. Schon als Kind wurde er für ein Genie gehalten (mit nur 14 Jahre wird er in die Königliche Akademie der Künste aufgenommen!). Seine Laufbahn begann Turner mit Aquarellmalerei, was seine nachfolgenden Arbeiten sehr stark beeinflusst hat. In seinen bekanntesten Arbeiten, wie *Das Schloss von Norham bei Sonnenaufgang* (nach 1830) und *Licht und Farben* (1843) – beide im Besitz der berühmten Tate Gallery, London – hat die Farbe tatsächlich die Hauptrolle im Bild und sogar alle anderen technischen Ausdrucksmittel (Linie, Volumen etc.) ersetzt. Bei Turner fließen die Farben ineinander wie in den besten Aquarellen. In dem Gesamtbild „sprechen" sie von einer Welt jenseits dieses – eine Welt, die nur durch die Farbempfindungen wahrzunehmen ist! Dieser Stil und die etwa mysteriöse Atmosphäre der Bilder haben den älteren und konservativeren Kollege von Turner, John Constable, veranlasst, mit Spott zu sagen, Turner malt mit „farbigem Dampf". Diese Bemerkung ist exakt, aber im besten Sinne des Wortes! Wir erinnern noch an die Arbeiten: *Die „Téméraire" wird abgeschleppt* (1838), bei National Gallery London, *La piazzetta* (1839-40) und *Die Seebestattung des Malers David Wilkie* (1842) (die letzten beiden bei Tate Gallery). Alle erwähnten Arbeiten Turners (und vieles mehr von ihm) zeigen kaum Gegenstände als solche. Sie begnügen sich, nur durch die Farben die *Impression* der Existenz der Objekte beim Betrachter zu erzeugen. Es kann zu Recht gesagt werden, Turner hat vorbereitet, ja sogar beeinflusst und legitimiert die Erscheinung des Impressionismus, der in Frankreich nur 23 Jahre nach dem Tod des Engländers, 1851, folgte. Auch die abstrakte (siehe nicht gegenständliche) Malerei, die etwas später erschien, kann in dem Werk von Turner ihre Bestätigung und ihre Wurzel finden.

Eine Gruppe französischer Künstler, die die Zwänge der akademisch-konservativen Prinzipien in der Kunst ablehnten, haben im Jahr 1874 die „Anonyme Sozietät der Kunstmaler, Bildhauer und Graphiker" gegründet. Sie haben in dem Atelier des Fotografen Gaspard-Félix Tourmachon (pseudonym „Nadar") ihre erste Ausstellung organisiert, die leider sehr kritisiert wurde. Unter den Arbeiten der 39 Künstler befand sich auch ein heute weltberühmtes Bild von Claude Monet betitelt *Impression, Sonnenaufgang* (1872), jetzt im Besitz von Marmottan Museum in Paris. Es muss zugleich erwähnt werden, dass Monet eine Zeit in England lebte, wo er das Werk von Turner gekannt hat (das Bild, wovon die Rede ist, könnte leicht von Turner gemalt sein – so groß ist die Stilähnlichkeit!). Ein unfreundlicher Kritiker hat anhand des Titels dieses Bildes die Gruppe von Nadar „Impressionisten" genannt. Der *Impressionismus* ist auf Ewigkeit in der Geschichte geblieben, getragen und geadelt von Namen und Werken der Ausstellung Organisatoren, wie Monet, Renoir, Pissaro, Cézanne oder Degas, und auch von deren Vorgänger Manet, Boudin und dem Holländer Jongkind. Aber der Name des Kritikers und ungewollter Täufer des Impressionismus (Louis Leroy) hat sich endgültig verloren – wie gut! Es kann mit Fug und Recht gesagt werden, dass die Ausstellung in Nadars Atelier im Jahr 1874, die Geburt der modernen Malerei ist. Weil das Hauptthema des Impressionismus das Licht ist und die Farbe nur als Konsequenz aus diesem entsteht, erinnern wir nicht an weitere Arbeiten zu diesem Stil gehörend (obwohl die Mehrheit dieser Bilder eine sehr freie

Farbführung aufweisen und die Farben wirklich Ausdrucks- und Vibrationsvoll sind). Wie bekannt, nach dem historischen „Moment Nadar -1874" (bei dem Fotograf folgten jährlich noch 7 Ausstellungen) entstanden in der Welt der bildenden Künste eine noch nie gewesene Serie von Stilrichtungen, „Schulen" und Künstlergruppierungen. Das Tempo in welchem diese extrem unterschiedlichen Richtungen erschienen, war „atemberaubend". Mit dem Beginn des 20. Jahrhunderts verstärkt sich nochmals dieses Phänomen der Vervielfältigung der „Kunst Doktrinen" und wird in allen – absolut in allen – Künsten sichtbar. Es ist eine außerordentlich fruchtbare Epoche, manchmal betont experimentell, wo beinahe alle Künstler neue Ausdrucksmittel und Techniken suchten. Obwohl der höchste Punkt der Emanzipation der Malerei von ihren alten Gesetzen mit dem ersten abstrakten/nicht gegenständlichen Aquarell von Kandinski im Jahr 1907 erreicht wurde, die fieberhafte Suche nach Neuem hat nicht aufgehört. Es ging weiter bis zum Verlassen des Prinzips „Bild" – Darstellung von Etwas auf einer planen Fläche – und wurden die Präsentation der Objekte als solche (z. B. Marcel Duchamp mit dem ersten *Ready made*, 1917), die Happenings oder Installationen vorgezogen. Einige von diesen Ausdrucksweisen sind gerne auch heute praktiziert. Aber hier bleiben wir treu unseren Auswahlkriterien: die Farbe als immer wichtiger werdendes Element im Bild. Für diese nun über Hundert Jahre dauernde erstaunliche Epoche der Kunst werden wir nur einige Beispiele nennen, denn von dem Impressionismus bis jetzt ist das „Angebot" regelrecht immens. Wir bemerken zuerst das Genie Vincent Van Gogh mit dem *Selbstporträt mit verbundenem Ohr und Pfeife* (1889) und *Kornfeld mit Raben* (1890). Gerne erwähnen wir den französischen Maler Paul Gauguin mit seinen unvergesslichen Arbeiten *...und das Gold ihren Körpern* (1901) im Louvre, *Reiter am Strand 2* im Privatbesitz, *Die Furt* (1890), *Fatata Te Miti* (1892) in Washington National Gallery of Art. Die sogenannte Stilrichtung *Fauvismus* charakterisiert sich vor allem durch die Intensität der Farben.

Maurice de Vlaminck mit seinem *Bildnis von André Derain* (1905), Henri Matisse mit *Der grüne Streifen. Bildnis Madame Matisse* (1905) und seinem berühmten *Rosa Akt* (1935) im Museum of Art, Baltimore oder die Aquarelle von Raul Dufy *Hommage an Mozart* (1915) sind nur einige von vielen Beispielen. Die Chronologie ist in unserer Angelegenheit – Beispiele für die „Stimme" der Farben im Bild zu wählen – ziemlich mühsam strikt zu respektieren. Auf einer Seite, weil die Stilrichtungen über Jahrzehnten koexistieren (sie schließen sich nicht gegenseitig aus), und auf der anderen Seite, weil diese gewollt oder ungewollt sich nicht selten gegenseitig beeinflussen (z. B. gibt es einen Abstraktionismus konstruktivistisch-, kubistisch- oder impressionistisch geprägt). Folglich dürfen wir uns erlauben, an das Ende des 19. und Anfang des 20. Jahrhunderts für einen Moment zurückzukehren und an den Expressionismus zu erinnern. Hierbei muss unbedingt der Norweger Edvard Munch mindestens mit dem Bild *Angst* (1894) genannt werden. Auch der geniale Pablo Picasso in seiner kubistischen Periode muss erwähnt werden, besonders mit der Arbeit *Les Demoiselles d'Avignon* (1907) im Museum of Modern Art, New York. Von der Künstlergruppe „Blaue Reiter" dürfen die Arbeiten *Blaues Pferd I* (1911) und *Blaues Lamm* (1913) von Franz Marc nicht vergessen werden.

Endlich sind wir bei der abstrakten Malerei angekommen. Von dieser werden wir kein Beispiel geben, weil der Abstraktionismus in Malerei sich fast immer hauptsächlich auf Farbe stützt. In der nicht gegenständlichen Malerei „spricht" überwiegend die Farbe, und wenn sie „schreit" kann sie nicht überhört/übersehen werden! Ohne Farbe können keine Arbeit von Kandinski, Klee, Miró, Mondrian und alle anderen „Abstrakten" ästhetisch halten. Die Funktion der Farbe in der abstrakten Malerei ist eindeutig *konnotativ*, oder wie wir auch sagen *psychologisch-induktiv*. Die abstrakte Malerei ist eigentlich *Farbe* und *Form* – die Farbe der Form, oder die Form der Farbe, wie Sie wollen – nur das und nichts mehr! Aber dieses „nur das" bedeutet sehr, sehr viel ... Es bedeutet die *totale Freiheit des Betrachters*! Dieses „nur das" bedeutet vielleicht ebenso viel, wie die Musik bedeutet! Nicht selten wurde behauptet, dass die abstrakte Malerei, Musik in Farbe und Form ist. Ich füge hinzu: eine Musik ohne Zeit! Man könnte sagen, die Musik ist abstrakte Malerei in Zeit und die abstrakte Malerei Musik im Raum ist. Eine und dieselbe Göttin der Freiheit in Kunst agiert mal in der Zeit, mal im Raum. So eng verwandt ist die Musik mit der abstrakten Malerei!

Es könnte wahr sein, dass meine Aufzählung auf *sui generis* Kriterien etwas länger als ich wollte geraten ist. Zugleich habe ich aber sogar ein Schuldgefühl gegenüber anspruchsvolleren und kompetenteren Leser, dass diese Aufzählung zu kurz wäre. Letztendlich habe ich nur 43 Bilder genannt, um die Evolution und die Emanzipation der Farbe in der Bildkunst in einer Zeit von 800 Jahren zu dokumentieren. Es sei mir verziehen sowohl die Länge als auch die Verkürzung oder Weglassungen dieses Exposees.

Ich schlage dem Leser vor, ein oder zwei von den erwähnten Bildern zufällig zu wählen und zu versuchen, diese ohne Farbe sich vorzustellen. Wenn das Experiment gelingt, wird der Leser mit Klarheit feststellen, was für eine wertvolle Gabe die Farbe ist, wie „arm" würden diese Bilder farblos sein und auch wie „verarmt" wird auch er, diese Bilder so zu betrachten. Alle erwähnten Bilder und noch viele andere ähnliche, von wunderbaren Künstlern erschaffen, sind wahre *„Farb-Lektionen"*, *„Emotion-Lektionen"*! Und wenn die konnotative Funktion aktiviert ist, werden solche Bilder echte *„Lektionen zur seelischen Unabhängigkeit"*!

FARBE IN FILM

In der Filmkunst ist das Bild in einem viel größeren Maß als in der Malerei der Wirklichkeit, die es darstellen soll, „geschworen". Folglich ist es evident, dass die Farbe in den Filmbildern überwiegend nur die *denotative* Funktion bekommt. Jedoch jeder gute Kameramann sorgt immer auch für die *dekorative* Funktion der Farbe in seinen Bildern, also für einen gewissen ästhetischen Aspekt dieser, siehe Farbkomposition des Bildes. Sehr selten (aber umso spektakulärer!) sind die Sonderfälle in welchen die Farbe die *konnotative* Funktion in dem Filmbild bekommt. Dann wird die ganze Ästhetik des Bildes von einer „irrealen" und penetranten Farbgebung charakterisiert, die so zum psychologischen Hauptagent wird, wie so oft in der modernen Malerei es der Fall ist. Hier möchte ich gestehen, dass ich gerade von der Filmkunst zwei der wichtigsten „Farb-Lektionen" in meinem Leben bekommen habe. Es ist die Rede von dem epochalen Film *Andrei Rubljow*, eine Kreation des russischen Regisseurs Andrei Tarkowski. Die erste dieser für mich fundamentalen Lektionen werde ich gleich schildern, während ich die zweite in dem nächsten Kapitel beschreiben werde.

Wider jeder Erwartung anhand des Titels, erzählt Tarkowskis Film wenig über die Arbeit und das Leben des großen russischen Ikonenmaler Andrei Rubljow (1366?-1430). Vielmehr ist der Film eine eingehende Beschreibung des Lebens des russischen Volkes in dieser düsteren Zeit. Der Film ist eine Hommage von unbeschreiblicher Vibranz und Traurigkeit an die Leiden, Erniedrigungen und Ängste, die einfache Menschen über sich ergehen lassen mussten. Er ist eine Hommage auch an ihre Kraft, das Unheil zu ertragen, immer von dem Glauben an Gott unterstützt. Der Film beginnt mit einem Symbol: Eine Gruppe Bauern versucht mit einer Art primitiven Ballon zu fliegen. Der Versuch gelingt. Die Begeisterung ist grenzenlos: „Ich fliege! Ich fliege!" – schrie durch euphorische Lachanfälle einer, dem es gelungen ist, über die verdammte Erde, wo nur gelitten wird, *sich zu erheben*. Nach sehr kurzer Zeit stürzt der Ballon. Die eine Minute dauernde Begeisterung verschwindet auch. Die Blasen platzen ... immer! Mehrere Sequenzen in diesem Film sprechen von Versuchen, die nicht gelingen. Es scheint, dass das Misslingen für dieses Volk eine generelle Symptomatik ist! ...vielleicht sogar bis heute! Es kann nicht übersehen werden, dass in diesem Film fast alle Personen ständig stolpern, rutschen und fallen, wenn sie durch Schnee oder Matsch weiterzugehen versuchen. Nur dem Ikonenmaler und einem klugen Priester passiert es nicht! Auch die, die „ganz oben" in der Gesellschaft stehen, sind selbstverständlich nicht mit dem endlosen Stolpern, Rutschen und Fallen konfrontiert. Allerdings erscheinen diese kaum im Film – der Terror ist stumm und unsichtbar! Vor den Erfindern der Unterdrückung und ihren Agenten ist es denen von „unten" nur die Demut und ein erniedrigender Kniefall erlaubt. Drei Stunden lang ist dieses Inferno des Misslingens, des Schmerzes, der Misere und der erstickten Hoffnungen zu sehen. Es ist die unerträgliche Welt der „Ballons", die, wie in einem Alptraum ständig stürzen bevor sie sich richtig erheben konnten. Die brutalen Invasionen der Tataren (wie die Russen die Mongolen nannten), die schon seit Ginghis Kan (um das Jahr 1200) keine Sekunde Ruhe und Zuversicht dem russischen Volk gaben, bilden die unerschöpfliche Quelle der Schrecklichkeiten, die in diesem Film zu sehen sind. Es wird angedeutet, dass diese Gräueltaten sogar in einer widerlichen Allianz mit Russen, Söhne der Finsternis, Verräter der Nation und der Glaubens, vollstreckt wurden. Erschütternd ist die Sequenz wo die Tataren ein kleines Dorf erobern und dabei Frauen vergewaltigen, Kinder, Vieh und Männer töten während eine Handvoll Gläubiger in die Kirche flüchtet und im Chor Gott verzweifelt anflehen: „Gott helfe uns! Gott segne uns!" Wie schon wiederholt bemerkt wurde, beim Schauen dieses Filmes braucht man starke Nerven! Feuer, Tiere, die beim lebendigen Leib brennen, kaum vorstellbare Folterungen, Blut, Tränen, Dreck und ein Regen, der nie aufhören will, ergänzen das furchtbare Bild. Die Menschen kriechen, sinnlich und bildlich, durch den mitleidlosen Schlamm ihrer Existenz. In dieser Szenerie sind sehr gekonnt und taktvoll lange Gespräche des Malers mit seinen Helfern oder mit dem klugen Priester eingefügt. Dabei fragt der

Ikonenmaler immer wieder: Wo ist die Gerechtigkeit? Wo ist die Liebe? Wo ist die Barmherzigkeit? Wo ist das Schöne? Wo ist das Christentum? Es kommt keine Antwort. Tarkowski und sein genialer Kameramann, Vadim Jussov, werden die Antwort erst am Ende des Films geben.

Alles ist in Schwarz-Weiß gefilmt. Aber was sage ich „Schwarz-*Weiß*"! Eigentlich ist es Schwarz-*Grau*. Das pure, saubere Weiß erscheint kaum in diesem Film. Ich kann fast sagen, dass in dem Film *Andrei Rubljow* es sogar am Tag dunkel ist. Besonders die Sequenzen mit den Gesprächen finden beim Kerzenlicht oder in einem sehr schmalen, von draußen kommenden Lichtstrahl statt. Stellenweise verschwinden die Gesichter der Sprechenden allmählich aus dem Licht und tauchen eine Weile ins Dunkel ein (es ist nur ihre Stimme zu hören). Ebenso langsam tauchen sie wieder auf, aber in einer anderen Ecke des Bildes. Dieser Effekt verstärkt die mysteriöse Atmosphäre und auch die Tiefe der Meditation. Erst in den letzten 8 Minuten des Films „sieht" die Kamera einen Haufen von verkohlten Holzstücken. Sie weilt ziemlich lange auf diesem Bild. Langsam, fast unbemerkt geschieht ein wahres Wunder: Das Bild färbt sich! Der Haufen verkohlten Holzes lässt ein Detail einer Ikone von Rubljow erscheinen. Danach, als voneinander fließend, erscheint ein anderes Ikonendetail und noch ein anderes ... so fast acht Minuten lang. Auf der Leinwand ist eine faszinierende Farbparade, eine schöner als die andere, immer nur Ikonendetails. Nur gegen Ende erscheinen einige Gesichter der Heiligen, die unverkennbar einen mahnenden und zugleich sehr traurigen Ausdruck haben. Nur das letzte Bild des Films zeigt ein vollständiges und lebendiges Motiv: Einige Pferde weiden ruhig auf einer kleinen Insel in einem Fluss. Die Farben sind in Pastell gehalten und durch einem ergiebigen Regen (wie so oft im Film!) verschwommen. Blitze sind am Himmel zu sehen und das Donnern zu hören. Sturm ... Der Film endet hier, aber der Schmerz seines

Inhalts nicht ... der endet nicht ... Es scheint, dass irgendwer, irgendwann, vielleicht wieder in Russland oder anderswo, einen ähnlichen Film machen wird, aber mit einem anderen Titel als *Andrei Rubljow* ... Nur ein anderer Titel ...

Die verblüffende und zugleich tiefgründige Antwort von Tarkowski auf die Fragen Andrei Rubljows ist: Dort *in Farbe und Glauben* kannst du die Gerechtigkeit, die Liebe, die Barmherzigkeit, das Schöne und das Christentum finden. Denn nur dort, in Farbe und Glauben, bist du – du selbst – mit Allem, was Gut und Wahr in dir ist. Es ist sehr viel in dieser Phrase! Es ist die Menschlichkeit selbst! Ich füge hinzu: Wenn du *in Allem, was du glaubst, in Farben und in der Musik* die Gerechtigkeit, die Liebe, die Barmherzigkeit und das Schöne findest und empfindest, dann würdest du *deine wahre Humanität in genuinem Zustand* gefunden haben ...und nicht jene von der Vernunft befohlene oder gelernte oder – noch schlimmer – jene von irgendeinem staatlichen Gesetz aufgezwungene!

Ich muss gestehen: Obwohl ich vor fast 40 Jahren diesen Film mindestens zweimal gesehen habe, war ich beim Wiedersehen, so sehr von dem Erscheinen der Farben beeindruckt, dass ich in Tränen ausbrach. Ich weinte *für* und *vor den Farben*! Dies passierte mir zum ersten Mal im Leben. Es ist möglich, dass meine Reaktion so stark war, weil ich durch die Vorbereitung und das Schreiben dieses Textes schon für die Farben sehr sensibilisiert war. Ein anderer Grund dieser Reaktion könnte sein, dass nach drei Stunden Farbabstinenz der Effekt der faszinierenden Farben, die folgten, erheblich verstärkt wurde. Durchaus möglich. Sicher ist es aber, dass die wunderbaren Farben mir genau das „gesagt" haben, was Tarkowski „sagen" wollte und auch noch mehr ... viel mehr! Dies ist die erste „Farb-Lektion", eine Lektion über die Wichtigkeit und Effizienz der Farben, die ich von dem großen Filmregisseur gelernt habe.

Ich glaube es waren zwei Gründe des russischen Regisseurs, in seinem Film von Schwarz-Weiß so eindrucksvoll zu Farben überzugehen. Der erste ist philosophischer und theologischer Natur: Die dramatische Situation, in welcher sich das russische Volk damals befand, ist sehr schwer sich in Farbe vorzustellen, weil diese dunkel, schwarz und aussichtslos war. Tarkowski, selbst tiefgläubig, hat als Erlösung die *Ikone* gewählt – Symbol des Glaubens an Gott – mit ihrer Faszinations- und Anziehungskraft, mit ihrer Ruhe und Trost, die nur die Hoffnung zum Guten geben kann. Der andere Grund, von Schwarz-Weiß zu Farben zu wechseln – ein Grund, der in keinem Fall den ersten ausschließt – ist von ästhetischer Natur: Im Sinne der in diesem Kapitel schon erwähnten Tendenz, die künstlerischen Ausdrucksmittel bis zu einem nötigen Minimum zu Gunsten des geistlichen Inhalts des Werkes zu reduzieren, hat Tarkowski den Film überwiegend in Schwarz-Weiß gedreht. Es ist hier die Rede von dem Verzicht auf alles, was „Ballast" bedeuten könnte und die Aufmerksamkeit des Betrachters von der zentralen Idee des Werkes ablenken würde. Dabei ist auch die übertriebene Vermehrung der Elemente (in diesem Fall Farben), die durch das Kunstwerk der Perzeption angeboten werden, zu meiden. So verstanden, ist Tarkowskis Lösung nüchtern, betont künstlerisch und sehr effizient. Indem er die Farbe am Ende einführt, öffnet sich auf einmal für den Betrachter ein breiter emotionell-semantischer Raum, ein Feld der Personalisierung der Perzeptionen/Empfindungen, was nichts anderes als eine „Segnung" bedeutet, ja, eine Befreiung und ein Plus vom Leben mit seiner Essenz und Vibrationen.

Wir haben in diesem Kapitel untersucht, was unternimmt das menschliche Sein mit der Farbe-herrliches-Geschenk der Natur. Anders ausgedrückt: Wie benutzt der Mensch die wunderbare Fähigkeit, in den elektromagnetischen Wellen, Farben zu „sehen"? Von totaler Missachtung der Farben bis zur Extase vor ihnen!

Wir widmen jetzt das letzte Kapitel des Essays der Frage: Welches sind die tieferen philosophischen Bedeutungen der Beziehung Farbe-menschliches Sein?

*

DER ANTAGONISMUS LOGOS-MYTHOS UND DIE CHANCE MENSCHLICHEN SEINS IN FARBE UND MUSIK

LOGOS UND MYTHOS SPHÄREN - INHALTE

Alle Gedanken, Überzeugungen, Taten und erlebten emotionellen Zustände des Menschen können in zwei Sphären geteilt werden: die des *Logos* und die des *Mythos*. Durch seine Gedanken, Überzeugungen, Taten und erlebten emotionellen Zustände nähert oder entfernt sich das menschliche Sein von einer dieser Sphären: Logos oder Mythos. In seinem Leben pendelt das menschliche Sein ständig zwischen den beiden Sphären und oft befindet es sich in einem Spannungsfeld zwischen diesen. Ein und derselbe Mensch kann sich wiederholt mal in der einen oder anderen Sphäre befinden. Im Gegensatz, ein und derselbe Gedanke, Überzeugung, Tat oder emotionelles Erlebnis kann nicht den beiden Sphären gehören, weder nacheinander, noch umso weniger gleichzeitig – sie gehören je nach Fall immer nur einer Sphäre an. Ein Gedanke, eine Überzeugung, eine Tat und sogar eine Emotion kann entweder die „Marke" des Logos, oder die des Mythos tragen, gehört aber mit Notwendigkeit einer von diesen beiden Sphären.

Zuerst ist es nötig, genau zu klären, was wir hier in diesem Text unter Logos und Mythos verstehen und auch die Kriterien, auf die wir ein Element (hier Gedanke, Überzeugung, Tat oder Emotion) der einen oder anderen Sphäre zuschreiben.

Für *Logos* werden wir eine rigorose *Reduktion* aller Bedeutungen vornehmen, die die Philosophie in Tausenden von Jahren diesem Begriff gegeben hat.[39] In diesem Text wird durch *Logos* vorrangig *Vernunft* verstanden. Folglich: Alles, was der Mensch *auf Vernunftbasis klären kann*, auch wenn das eine oder andere Subjekt nicht vollkommen diese Klärung nachvollziehen kann, aber diese als allgemein gültig und auf Vernunft gegründet (wie z. B. die Quantentheorie von Planck für ein nichtprofessioneller) akzeptiert, gehört der *Logos-Sphäre*. Darunter versteht man deutlich, dass für den Menschen *die Logos-Sphäre eine gewisse obligatorische Note hat* – ob Einer will oder nicht, ob er versteht, warum es so ist, oder nicht, kocht das Wasser immer noch bei 100 Grad! Alles, was der Logos-Sphäre gehört zeigt dem Menschen *wie die Welt ist*, absolut unabhängig davon ob es diesem

---

[39] Das griechische Wort λόγος (Logos), zum ersten Mal von Heraklit thematisiert, stammt von dem Indogermanischen *leg-, lego-*, das *sammeln, pflücken, auswählen* bedeutet. In der griechischen antike Zivilisation bekam *Logos* extrem viele Bedeutungen. Wir erinnern, dass z. B. Platon in mindestens 7 seiner Dialogen die *verschiedenen* Bedeutungen des Begriffes *Logos* gründlich analysiert. Die Zentralbedeutungen des Wortes in Griechisch sind: *Wörter, Rede, Bericht, Vernunft* und *Klärung*. Es ist mehr als deutlich, dass die „Logik", also auch alle Wörter, die mit „logie" enden (Psycho*logie*, Geo*logie* u.s.w.), ihren Ursprung in *Logos* haben. Wie die griechische Sprache, übernimmt die Lateinische direkt von Indogermanisch das Wort *leg-, lego-*, das *lego* wird und dieselben Bedeutungen wie in Indogermanisch und Griechisch bekommt. Die Lateiner aber fügen eine neue Bedeutung hinzu: neben auswählen und pflücken bedeutet *lego* auch *lesen* (ist es nicht das Lesen die Aktion von *Auswählen* und *Pflücken* der Buchstaben und Wörter im Sinne der *Vernunft*?). Erst auf dieser Basis entsteht im Lateinischen eine ganze Reihe von Bedeutungen und Wörter. Wir nennen einige: *col-lĭgo* wird *col-lectio* und *col-lectivus*, *ē-lĭgo* (wählen, selektieren) wird *ēlectio* (siehe Wahl in der Politik), *ē-lĕgans* wird *ēlĕgantia*, *sē-lĭgo* wird *sēlectio*, *intel-lĭgo* (mit *Verstand* in seinem Geist sammeln) wird *intellectus* und *intellĭgentia*. Um die Auflistung nicht allzu lang zu machen (es sind mindestens 60 Begriffe!), erinnern wir noch daran, dass *lego* auch der Ursprung des Wortes *lēctio* ist (Eine Lektion ist ein *gewähltes* Segment von einem Lernstoff, das *gelesen* und gelernt werden soll. Wer viele *Lektionen* gelernt hat, wird *ausgewählt* – Wissen ist Macht!). Alle diese Wörter und viele andere haben sowohl etymologische als auch logische Verbindungen mit *logos* und *lego*.

gefällt oder nicht, was er dabei erfährt. Die Urbehauptung von Heraklit, dass die ganze Welt, das ganze Universum den *Logos* (siehe Vernunft), als fundamentales Gesetz hat, bestätigt sich Tag für Tag bis heute durch die ununterbrochene Erweiterung und Vertiefung des Kennens. Heraklit sprach sogar von einem „Logos der Welt"!

Für *Mythos* werden wir umgekehrt vorgehen: Wir werden eine – vielleicht beim ersten Blick ungewohnte – *Erweiterung* der Begriffsbedeutungen machen. In diesem Text Mythos wird vorrangig bedeuten, alles, was *nicht unmittelbar der Vernunft gehört*. Folglich: Alles, was der Mensch nicht *auf Vernunftbasis erklären kann* oder *will*, wird in unserer Vision der *Mythos-Sphäre* gehören. In dem Fall, dass das menschliche Sein, was es in der Welt wahrnimmt, seine Gedanken, Überzeugungen, Taten und sogar seine emotionellen Erlebnisse *nicht durch Vernunft erklären kann*, wird der Mythos zum *Ersatz* des Logos. So war es in alten Zeiten als der Logos (Vernunft) kaum etwas zu erklären imstande war. In dem anderen Fall, in welchem das menschliche Sein seine Gedanken, Überzeugungen, Taten und vor allem seine emotionellen Erlebnisse *nicht durch Vernunft erklären will*, funktioniert der Mythos als eine Art *befreienden Agent* des eigenen Ichs, der eigenen Persönlichkeit. So vermeidet das Sein die Zwänge des Logos, die seinen Empfindungen, Gedanken und Taten zensieren und von der Faszination der Unabhängigkeit und Autonomie entleeren würden. In dieser Hinsicht sind *die Liebe* und *die Musik* die besten Beispiele von Mythos. Niemand wünscht sich eine auf Vernunft basierte Klärung der Liebe oder der Faszination beim Musikhören. Eine solche Klärung würde alles verderben ... aber, Gott sei Dank, sie ist unmöglich! Tief versteckt in das Wesen des Mythos ist das Verb „*wünschen*" und der Baumeister, der des Mythos schöne Schlösser baut, sei es auch aus Sand und Wind, heißt „*Ich*", das menschliche *Ich*. Nur das menschliche Sein kann Mythos erzeugen und dieser ist immer der Ausdruck seiner Wünsche. Was die vorhandene Erweiterung der Bedeutungen des Begriffes Mythos betrifft, möchte ich unterstreichen, dass es keine Phantasie ist, sondern einige gute Gründe hat.[40]

Es ist notwendig zu berücksichtigen, wenn wir einen Gedanken, eine Überzeugung, eine Tat oder einen emotionellen Zustand einer dieser beiden Sphären – Logos oder Mythos – zuweisen, denn wir denken keine Sekunde daran, dass diese auch Logos oder Mythos *tatsächlich wären*. Die Zugewiesenen sind nur artikuliert, geprägt, „markiert" von einer der beiden Prinzipien/Sphären.

Die *Logos-Sphäre* beinhaltet zweifelsohne alles, was uns die *Wissenschaft* lehrt, aber auch alles, was wir aus *eigener Erfahrung* oder aus *allgemein akzeptierten Erfahrungen* lernen, vorausgesetzt diese berücksichtigen mit Evidenz das Prinzip Ursache-Wirkung. In dieser (allerdings sehr großen) zweiten Kategorie der allgemein akzeptierten Erfahrungen sind Wahrheiten

---

[40] Das griechische Wort μύθος (Mythos) bedeutet ursprünglich *Geschichte*, in der Regel Geschichte mit fabelhaftem und/oder mit sakralem Charakter; nicht weit entfernt vom Märchen. Wenn dieser Begriff nur das bedeuten würde, hätten wir die oben vorgenommene Erweiterung nicht machen können. Aber Mythos bedeutet auch *idealisierung eines Geschehens oder einer Person* und *unefüllbare Hoffnung/Wunsch*. Noch mehr: In seinem *Dictionnaire étymologique de la langue grecque* (ed. Kincksieck, Paris, 1999) erwähnt Pierre Chantraine einige für uns sehr interessante Derivate von Mythos. Zum Beispiel ακριτόμυθος (akritomythos) = *schwer zu interpretieren*, παρα-μυθέομαι (paramytheomai) = *ermutigen, Vertrauen geben* und *trösten*, wovon auch das Wort παραμυθια (paramythia) kommt, das *Trost* und *Ermutigung* bedeutet. Es fehlt also nur ein einziger Schritt, mach meiner Meinung nicht zu sehr spekulativ, um in den semantischen Tiefen des Wortes Mythos einen Trost, eine Ermutigung zur Hoffnung (auch wenn unerfüllbare!), wahrlich schwer zu interpretieren, aber seelisch extrem Willkommen, zu „hören". Sollen wir noch daran erinnern, dass ein Kind ruhig und schön einschläft, besonders wenn ihm ein Märchen erzählt wird? Aber auch die Erwachsenen, nicht selten von der Vernunft niedergekniet und ermüdet, brauchen auch ihre „Märchen" und ihre „Mythen".

folgenden Typs aufzuzählen: Wenn jemand eine gesetzwidrige Handlung tätigt, kann eine Strafe folgen. Wenn jemand ohne Sinn und Überlegung sein Geld verprasst, wird er arm. Oder: Wenn jemand seine Krankheit nicht rechtzeitig behandeln lässt, kann diese fatal werden. Solche Wahrheiten auf den allgemein akzeptierten Erfahrungen basierend, benötigen keine wissenschaftliche Begründung oder Klärung. Wie oben gezeigt wurde, alles was die Logos-Sphäre beinhaltet hat eine *obligatorische* Note – das Subjekt kann sich dem Diktat des Logos nicht entziehen.

Die *Mythos-Sphäre* beinhaltet Gedanken, Überzeugungen, Taten und emotionelle Erlebnisse, die nicht die zensierenden „Belehrungen" des Logos/Vernunft berücksichtigen, sondern *ausschließlich im Subjekt entstehen* und vor allem von diesem nach seinen eigenen Wünschen und Anstrebungen modelliert und artikuliert sind. Nicht einmal die Frage nach dem Prinzip Ursache-Wirkung stellt sich in diesem Fall, umso weniger wäre eine auf Vernunft basierte Erklärung angebracht und auch möglich. Wir nennen hier zuerst die *religiöse Überzeugungen*, die in der Regel auf Glauben und nicht auf Wissen gegründet sind. Dabei sind noch alle Überzeugungen, Gedanken und Taten des Menschen zu erwähnen, die unmöglich durch Logik/Vernunft zu klären sind, wie die *Intuitionen* und oft die *Fantasie* und die *Kreativität*. Auch zu der Mythos-Sphäre gehörend sind die sehr persönlichen *starken emotionellen Empfindungen gegenüber anderen Wesen* zu zählen, was nichts anderes als Liebe ist. Nicht zuletzt gehören dazu die starken emotionellen Empfindungen gegenüber einem *Kunstwerk* oder einer großartigen *Vorstellung der Natur* (wie wir in dem vorigen Kapitel zeigten, dass dabei: „Der Mensch bleibt eine gewisse Zeit in der Ekstase der Kontemplation stehen – als verließe er für eine Weile *seine Zeit* ..."). Im Rahmen der starken emotionellen Empfindungen gegenüber der Kunst nennen wir als spezifische und sehr evidente Empfindungen besonders die *Musik* und die *Farbe*, vor allem, wenn diese letztere *konnotativ* oder wie wir sagten *psychologisch-induktiv* funktioniert.

Für alles, was der Mythos-Sphäre gehört passen hervorragend die unsterblichen Wörter des Philosophen Blaise Pascal: *"Das Herz hat seine Gründe, die die Vernunft nicht kennt"* (*Pensées* Nr. 680 nach der Sellier Nummerierung; nach Brunschvicg Nr. 277). Es ist leicht zu verstehen, dass die „Gründe des Herzens", oder „Vernunft des Herzens" (bei Pascal „*raison du cœur*") mit der *Qualia* (siehe Note 28), deren Existenz wissenschaftlich bewiesen ist, aber noch nicht geklärt, gleichgesetzt werden können.

Von allem, was in diesem Kapitel bis jetzt gesagt wurde, ist es notwendig zu behalten: 1) Die *Logos-Sphäre* gehört dem Bereich des *Geistes*, agiert *obligatorisch* und ihre Hauptkoordinatoren sind die *Vernunft* und der *Verstand*. 2) Die *Mythos-Sphäre* gehört dem Bereich der *Seele*, agiert *befreiend* und *personalisierend* und ihre Hauptquellen sind der *Glaube* und die *Emotion*.

SPANNUNG ZWISCHEN LOGOS UND MYTHOS

Zwischen Logos und Mythos gibt es einen ontologischen Konflikt, der nie beendet werden kann. Einer ist permanenter Widersacher des anderen. Diese sind antagonistische Prinzipien. Wie Pascal sagte, die beiden führen einen „Bürgerkrieg im Menschen". Die Evolution der menschlichen Spiritualität zeigt, dass der Logos im Rapport mit dem Mythos immer mehr Terrain gewonnen hat. Der Logos „stiehlt" die Rechte und beengt erheblich die Entfaltungsräume des Mythos. So ist es auch normal, weil selbst die Evolution der menschlichen Spiritualität sich auf *Kennen, die Welt kennen* stützt, was das „Ehrenwappen" des menschlichen Seins ist, wie wir ganz am Anfang dieses Textes angedeutet haben. Der Philosoph Peter Sloterdijk hat sich mit der Revolution von Kopernikus in der Astronomie im Vergleich mit der alten ptolemäischen Vision eingehend befasst (siehe Note 32). Dabei klärte er, dass während die kopernikanische (wissenschaftliche!) Revolution die Welt zeigt, *wie sie in Wirklichkeit ist*, ist die ptolemäische Vision eher ein *Glaube* des Menschen, ausschließlich auf der *unmittelbaren Perzeption der Natur* basierend (Sonnenauf- und Untergänge), über *wie die Welt wäre*. Es war logisch, dass Kopernikus die Vision von Ptolemaios endgültig „entmachtet" hat. Sloterdijk schließt elegant und präzise, dass der *„kopernikanische Schock"* eine *„Revolte des Logos gegen den Mythos"* ist. Die Revolten des Logos gegen den Mythos sind eigentlich die „Revolten" der *mikro-* und *makro-skopischen* Sicht gegen die *mezzo-skopische* Sicht, die immer auf den unmittelbaren Perzeptionen ruht und damit riskiert subjektiv zu sein. Sie sind die Revolten der *Welt, wie sie ist* gegen die *Welt, wie wir sie wünschen,* oder *glauben zu sein*. Die Revolten des Logos sind die Revolten des *Wissens* gegen den *Glauben*. Schließlich sind sie Revolten der *Objektivität* gegen die *Subjektivität*. Der Antagonismus Logos-Mythos erzeugt in dem menschlichen Sein eine nicht unerhebliche Spannung!

Es ist unmöglich die ausgezeichneten Beiträge des Logos zur Entwicklung des menschlichen Wissens und Zivilisation zu vernachlässigen, umso mehr anzufechten. Nicht nur unsere materielle Zivilisation (inklusive Komfort!), sondern auch die unbestreitbaren Vorteile im Bereich der Gesundheit sind auch dem Logos (Wissenschaft) zu verdanken. Ebenso die auf Vernunft und Logik getroffenen Entscheidungen im Alltag bringen dem Menschen sehr oft ein beachtliches Plus an Sicherheit. Es ist eine ethische Pflicht des modernen menschlichen Seins, ununterbrochen eine Lobeshymne dem Logos zu widmen! Ich bin der Letzte, der bei dem Gesang einer solchen Hymne sich wegdrücken würde (ich hoffe, der Leser hat dies in dem „Dokumentarischen Teil" dieses Essays gemerkt)! Trotzdem, lässt mir eine gewisse Frage überhaupt keine Ruhe …

Könnte es sein, dass in einer Welt, wie unsere gegenwärtige, in welcher die Vernunft, die Logos-Sphäre bis in die letzten kleinsten Winkeln des Lebens durchdrungen ist, die Sphäre des Mythos zu sehr eingeengt wird? Könnte es sein, dass die *obligatorische* Note des Logos, die sogar die Art der Ernährung und Bekleidung des „modernen Menschen" bestimmt (um andere Aspekte nicht mehr zu erwähnen) die Chancen der gut tuenden und *befreienden Autonomie* des Mythos-Sphäre über das Maß erstickt und amputiert? Riskieren wir nicht uns in hörige und präzise Automaten zur Ausführung der Logos-Imperativen, die immer *von draußen* kommen, zu verwandeln und dabei den Drang des Ichs nach dem freien Flug im Reich des Mythos, der immer *von uns selbst* kommt, zu vergessen? Schließlich fragen wir uns, ob es nötig ist, dass der Preis für mehr *Objektivität* unbedingt die Opferung der *Subjektivität* sein soll.

Leider ist es so. Erfasst von der Begeisterung für den Logos, vergessen wir allzu oft die Euphorie des Mythos. Leider hat sich zwischen Logos und Mythos eine Disproportion gebildet – eine schmerzhafte und gefährliche Disproportion! Wir erinnern daran, dass noch Heraklit sagte, dass der „Logos der Welt" ohne den „Logos des denkenden Menschen" nicht verstanden und nicht artikuliert werden kann. Dann ist es klar, dass der Logos im *selben Ausmaß wie der Mythos* dem menschlichen Sein gehört. Das menschliche Sein gründet und artikuliert sich *auf beiden Sphären*! In dieser Hinsicht behauptete ich, dass die jetzige Disproportion zwischen Logos und Mythos schmerzhaft und gefährlich ist. Könnten wir dann behaupten, dass die menschliche Spiritualität in unserer Zeit hinkt, indem sie übertrieben mehr nur auf einen von ihren beiden ontologischen Fundamenten sich stützt? Dies ist eine kardinale Frage und die Antwort darauf verlangt ein Denken von einer Weite und Tiefe, die die Limits dieses Textes deutlich überschreiten. Wir wollen uns hier nicht mit dem Thema der *symptomatischen Disproportionen* des Geistes unserer Epoche beschäftigen.

Was eine Wiederherstellung des Gleichgewichts zwischen der Logos-Sphäre und der Mythos-Sphäre betrifft, möchte ich von vornherein entschieden betonen, dass eine eventuelle Reduzierung der Logos-Sphäre eine absolut unannehmbare – allerdings auch unmögliche – Idee wäre, die unsere Zivilisation zurück zum Primitivismus bringen würde. Vielmehr glaube ich, dass eine bewusste Aufnahme, ja sogar eine in der oben beschriebenen Hinsicht Kultivierung der Mythos-Sphäre nötig wäre. Dabei meine ich nicht mal die spontanen, unbedachten oder nicht genug analysierten Entscheidungen – die Sicherheit, die die auf Vernunft basierte Entscheidungen mit sich bringen ist viel zu wertvoll! Umso weniger habe ich die Absicht eine „Revolte des Mythos gegen den Logos" zu empfehlen. Nein, der Akzent zur Wiederherstellung des Gleichgewichts wird anderswo gesetzt.

Es ist vollkommen wahr, wenn jemand eine Idee, Situation oder einen Lebens-Aspekt (sei diese vom Bereich der Politik, Kunst oder auch die Taten und Überzeugungen anderer Menschen) *interpretiert*, d. h. wenn jemand *Meinungen* ausdrückt, nährt er eigentlich das tiefe Bedürfnis von Personalisierung und Subjektivierung seines Ichs. Der Mensch macht es jederzeit und mit großem Vergnügen – durch solche Aktionen findet er sich wieder selbst, konfirmiert/bestätigt sich als Individuum. Aber Achtung: In jeder Interpretation oder „persönlichen Meinung" ist auch der Logos versteckt! Alles ist deduziert und danach auch argumentiert durch Logos, unabhängig davon, ob die Interpretation oder Meinung korrekt oder unkorrekt ist. Folglich ist es klar, dass solche – allerdings sehr willkommene – „Personalisierung-Übungen" nicht als zugehörige der Mythos-Sphäre in dem oben gezeigten Sinne betrachtet werden können. Interpretationen und Meinungen sind nur eine pseudo-autonome Befreiung des Ichs, weil sie immer eine Vernunft/Logos Komponente haben, nicht ausschließlich im Subjekt entstehen und sich immer auf ein Objekt von draußen beziehen.

AUSGLEICH DURCH MUSIK

Der wahre und mit Sicherheit der wichtigste und evidenteste *befreiende Agent* des menschlichen Ichs, ohne einen Vernunftkorrelat zu haben, ausschließlich im Subjekt entstanden und nur seiner Welt gehörend, ist zweifelsohne *die Musik*. Vor ca. 15 Jahren habe ich mich etwas eingehender mit dem Phänomen Musik in Relation mit dem menschlichen Sein befasst. Ich zitiere unten einen kurzen Abschnitt mit Konklusionen, die zu unserem Text heute sehr gut passen[41]. Vor der Lektüre bitte ich den Leser die dazu gehörige Fußnote, die einige Wortbildungen und Anwendungen klärt, zu lesen[42].

---

[41] Vladimir Brânduş (mein Pseudonym für Schriften in Rumänisch), *Eseuri numite de autor şi Peanseluţe* (Essays von dem Autor auch Stiefmütterchen genannte), in dem Essay *Dans, muzică şi moarte* (Tanz, Musik und Tod), Clusium Verlag, Klausenburg (Rumänien) 2006 (S.174).

[42] **1)** Der Begriff *Inkursion* darf hier nicht in seiner militärischen Bedeutung verstanden werden! Für mehr Klarheit habe ich diesen im Geiste der Lateinischen Sprache als Antonym von *Exkursion* (Ausflug) angewendet. Wichtig ist hier die lateinische Wurzel *currō* (= laufen, rennen), die das Deutsche „kursion" ergibt. Von großer Bedeutung sind auch die Präfixe „in" (= in, an, hinein) und „ex" (= aus, heraus). Deswegen habe ich diese Wortpaare getrennt geschrieben: In-kursion, Ex-kursion anstatt Inkursion bzw. Exkursion.
2) In Anlehnung an Martin Heidegger habe ich das alte und poetische Wort *wesen*, als Verb zu „das Wesen", angewendet. Das Verb *wesen* (= vorhanden, tätig, wirksam sein) hat eine beachtlich lange Abstammung (wahrscheinlich längere als das Substantiv Wesen!): Schon in Indogermanisch gab es das Wort *ues* (= verweilen, wohnen, übernachten), in Gotisch hieß es *wisan*, in Althochdeutsch *wesan*, und endlich in Mittelhochdeutsch wurde es *wesen* (= sein, sich aufhalten, geschehen). Beginnend mit dem ersten Moment seiner *An-wesenheit* in dieser Welt bis zu seiner *Ab-wesenheit* von der Welt **west** das menschliche Wesen. Es *west* zwischen seinem Entstehen und seinem Vergehen. Angesicht der Wahrheit, dass alles, ausnahmslos alles in der Welt sich mit der Zeit verändert, verändert sich mit Notwendigkeit auch die Art, der Modus in welchem das menschliche Wesen *west*. Diese Art/Modus ist von der Konfrontation des

*„Vorausgesetzt zugehört, bzw. angenommen, akzeptiert (siehe: gemocht/geliebt), **fusioniert** die Musik mit der menschlichen Seele, sie wird eins mit dieser. Bei dem Kontakt mit anderen Kunstformen kann das Subjekt sich höchstens identifizieren mit den Welten, die ihm vorgestellt werden – und das nur wenn es gemeinsame Punkte zwischen seiner Seele und dem Kunstwerk findet. In diesem Fall unternimmt das Subjekt nur eine **Ex-kursion** in die Welt des angebotenen Kunstwerks. Bei der Musik ist weniger die Rede über eine **Identifizierung**, sondern vielmehr über eine **Fusionierung** der Seele mit dem Kunstwerk. Die von der Musik angebotene Welt wird zur inneren Welt des menschlichen Wesens. Folglich es ist nicht mehr die Rede über eine **Ex-kursion** in einer Welt von draußen, sondern über eine tiefe **In-kursion des menschlichen Wesens in sich selbst**. Die Musik blüht wieder auf in der Seele und gibt dieser wieder die emotionelle Form ihrer vergangenen, aktuellen und zukünftigen Bewegungen. In dieser Weise wird die Musik zur **emotionellen Form** des Gedächtnisses, des Bewusstes und des Projektes des*

Wesens mit Allem, was außerhalb ihm ist und geschieht – kurz: die Konfrontation mit der Welt und dem Leben – weitgehend bestimmt. Das bewusste Wesen (der Mensch) wird früher oder später, klarer oder weniger klar, versuchen seinen Modus zu *wesen* zu definieren und unter Umständen auch zu beeinflussen. Also das Wesen wird zuerst versuchen, den Sinn, die Ziele, die Handlungen und die Art seines Lebens immer wieder zu erkennen und zu re-formulieren, was nichts anderes als ununterbrochen *sich selbst zu kennen und erkennen* bedeutet (Wie richtig war Sokrates Ansporn!). Sich selbst kennen und erkennen und auch das sich re-definieren und re-formulieren ist eindeutig ein Erkenntnis-Akt, der aber sich in zwei vollkommen unterschiedliche Bereiche vollzieht: **Mental** (in der Logos-Sphäre!) mittels Vernunft, Verstand und Begriffe und **emotionell** (in der Mythos-Sphäre!) mittels der *Musik* – dieser „magische Spiegel", der dem Wesen die emotionelle Formen seiner Bewegungen wiedergibt und konfirmiert/bestätigt. Aufgrund dieser dualen Weise, in welcher das menschliche Wesen kennt, definiert, formuliert und sogar korrigiert die Art und den Modus, wie es *west*, behaupte ich, dass *die Vernunft und die Musik **mit**-bestimmen, wie das menschliche Sein west*. Trotz, dass das Verb *wesen* intransitiv ist: *Die Beiden **mit-westen** das menschliche Wesen!*

*Seins – mit anderen Worten: die emotionelle Form der Vergangenheit, der Gegenwart und der Zukunft. Als intimer Begleiter des Seins bietet die Musik diesem einen magischen emotionellen Spiegel, der ihm hilft, sich zu **definieren** und schließlich zu **wesen**. Deswegen behaupte ich in heideggerscher Ausdrucksweise: die Musik **mit-west** das menschliche Sein/Wesen, indem sie immer wieder **konfirmiert** seine internen Bewegungen".*

AUSGLEICH DURCH FARBE

Nur wenn die Farbe ihre höchste Funktion ausübt, die *konnotative* oder *psychologisch-induktive*, dann – und nur dann – gehört sie der Mythos-Sphäre und bekommt ähnliche spirituelle Bedeutungen, wie die Musik. Denn, so wie in diesem Text oft erwähnt wurde, wie die Musik hat auch die Farbe keinen Vernunftkorrelat, umso weniger einen informationellen, entsteht sie auch ausschließlich im Subjekt und gehört nur seiner Welt. Um noch klarer zu begründen, warum ich die Farbe unter bestimmten Umständen(!) neben der Musik der Mythos-Sphäre zuschreibe, werde ich die zweite „Farb-Lektion" erwähnen, die ich aus Tarkowskis Film *Andrei Rubljow* gelernt habe. Dafür füge ich ein Zitat an von einem Buch, das ich vor ca. 40 Jahren geschrieben habe[43]. Nach mehr als einer Stunde, in welcher die Bilder des Films, wie schon im vorigen Kapitel gesagt, in „Schwarz-Grau" gestaltet sind, erscheint zum ersten Mal auf der Leinwand das Weiß im puren Zustand. Es sind die Wände einer Kirche, vorbereitet, um bemalt zu werden. Der Ikonenmaler Rubljow erfährt, dass seine Helfer und Lehrlinge auf dem Weg zur Kirche von einer Horde Tataren überfallen und gefoltert worden sind. In einen spontanen Revolteausbruch schmeißt der Maler eine Hand-

---

[43] Vladimir Brânduş (mein Pseudonym für Schriften in Rumänisch), *Artă şi critică în perspectivă comunicaţională* (Kunst und Kritik vom Standpunkt der Kommunikation), Eminescu Verlag, Bukarest, 1979 (S. 235-236). Das Buch wurde im Jahr 1976 geschrieben aber wegen dem Erdbeben von 1977 erst im Jahr 1979 veröffentlicht.

voll Farbe auf eine der weißen Wände. Es entsteht ein abstraktes Bild von hoher Ausdruckskraft. *„In jenen Farbfleck war so viel Spannung, so viel Verzweiflung ... wie in einem noch nie gehörten Schrei! 'Die Stumme' – ein geistig zurückgebliebenes Mädchen – nähert sich der befleckten Wand. Langsam wird sie von einem überwältigenden Leiden, Niedergeschlagenheit und Angst erfasst. Sie schnüffelt die Farbe an der Wand. Sie klebt ihr Gesicht an den Farbfleck. Zitternd führt sie ihre Finger über die Farbe. Sie fühlt sie durch alle ihre Poren. Sie nimmt diese Farbe in ihre genuine Seele. Sie knetet, hasst, beweint und riecht die Farbe ... endlich* **versteht** *sie diese Farbe. Es ist vielleicht das Einzige, das dieses gedankenunfähige Mädchen je verstanden hat"*. Ohne Worte, ohne Begriffe hat die Farbe „gesprochen" ... Die Farbe hat alles „gesagt", ohne sich auf den Logos zu stützen; auf den Logos, den „die Stumme" nie hätte verstehen können! Ich gebe noch einige Sätze wieder, diesmal leicht verändert, die in dem im Jahr 1976 geschriebenen Buch unmittelbar dem oben eingeführten Zitat folgen: *„Ich begriff dabei, dass was wir Farbe nennen* (im Originaltext steht hier Kunst/abstrakte Kunst) *keinerlei Kode hat. Sie hat nur Kodifikatoren. Diese sind die Vollstrecker des sogenannten Raffinements, der kulturellen Vorurteile und Automatismen* (mit „akademischen" oder esoterischen Ansprüchen), *schließlich sind diese die Feinde der natürlichen, puren Sensibilität. Diese Filmsequenz von Tarkowski ist eine wichtige Kunstlektion im Allgemeinen"*. Welche Farbe schmieß Rubljow an die Wand? War es Rot? Grün? Blau? Wir werden es nie erfahren – wie gut! Es war *jede Farbe die Sie*, Zuschauer des Filmes oder Leser dieses Textes, *wollen* und vor allem *jede Farbe, die Sie fühlen!* Hier ist die *Freiheit des Betrachters!* Eine Freiheit, wie jene, die die Musikzuhörer genießen. *Die Musik und die Farbe mit-westen das menschliche Wesen!* Musik und Farbe sind die Chancen des menschlichen Seins, sein Individualitäts-Bedürfnis durch die Mythos-Sphäre zu erfüllen und dabei keine Nachteile der Logos-Sphäre zu bringen. Vielleicht könnten wir auch sagen, dass die Musik und die Farbe die Chancen des Seins sind, das Gleichgewicht zwischen der Logos- und der Mythos-Sphäre wieder herzustellen. So würde der fundamentale Antagonismus der beiden Sphären in einem sekundären Plan zurücktreten.

AUSGLEICH DURCH LIEBE

Wie schon angedeutet, auch die Liebe für andere Wesen – auch für ein Tier – gehört eindeutig in die Mythos-Sphäre. Denn, wie die Musik und die Farbe, hat auch dieses Sentiment/Empfindung kein Vernunft-Korrelat, entsteht ausschließlich im Subjekt und gehört nur diesem. Ein Wesen liebt ein anderes Wesen und *nur dieses*, obwohl in unmittelbarer Nähe sich ein drittes befinden kann, das ähnliche oder sogar identische Eigenschaften hat, wie das Geliebte. Es ist vielleicht auch hier jenes unverstandene „Spiel" der *Qualia*! Unzählige kleine Gesten, Blicke und kaum verständliche Töne begleiten und drücken den Zustand zu lieben aus, der dabei bestätigt/konfirmiert und *mit-west* wird. Von der Logos-Sphäre betrachtet, sind solche sehr intime Gesten und kleine Handlungen zweifelsohne „absurd" – sie haben keine Vernunft-Korrelate, keine Logik! Ich nenne von allen diesen Gesten besonders das Streicheln. Augenscheinlich ist es eine absurde Geste, die oft auch keine Erotik hat. Vor einigen Jahren habe ich über das Streicheln folgendes geschrieben: „*Was anderes ist das Streicheln, als ein emotioneller Annäherungsakt? Mit oder ohne seine physisch-taktile Dimension, entsteht der Akt zum Streicheln immer aus der Emotionalität, aber erzeugt auch Emotionalität, sowohl bei dem, der gestreichelt wird, als auch bei dem, der streichelt. Das Streicheln ist eine emotionelle-dynamische Handlung, immer dual-gegenseitig (…) Streicheln bedeutet gleichzeitig gestreichelt zu werden. Auch wenn ich 'mit den Augen' eine Landschaft streichle, ist es die Landschaft, die die schöne Stimmung der Bezauberung und Extase in mir erzeugt. Die Landschaft ist diejenige, die mich streichelt! Streicheln in Gedanken und dabei seine Gedanken streicheln lassen ist die obere Stufe des taktilen Streichelns – ist die höchste, die mutigere und sehr effiziente Form des Streichelns"*[44]. Wir sehen also zwei Arten zu streicheln: eine physisch-taktile und eine virtuelle, in den Gedanken. Das virtuelle Streicheln kann viel weiter gehen als die Extase vor einer Landschaft. Gedacht wird hier an jene emotionelle „psychologische Ummantelung", die sogar den logischen Gedanken begleitet, wie sich der deutsche Philosoph Gottlob Frege (selbst Mathematiker und Logiker!) ausdrückte. Wie auch aus meinem gerade erwähnten Essay zu entnehmen ist, kann und vielleicht muss auch die Fragestellung – ein extrem wichtiger Akt in der Philosophie – von jener „psychologischen Ummantelung", die auch als eine „virtuelle Streichelung" zu verstehen ist, begleitet und markiert werden. Die Frage kann von der Intention und vielleicht auch von der Emotion niemals vollkommen getrennt werden. Noch mehr: Der französische Philosophieprofessor Ali Benmakhlouf behauptet, dass die von Frege ins Gespräch gebrachte „psychologische Ummantelung" mit der *Farben der Gedanken* äquivalent sei und somit wäre es *„das Element, das den Logiker von seinem Solipsismus befreit"*[45]. Gerade der dual-gegenseitige Charakter des Streichelns (sei es im physisch-taktilen oder im virtuellen Sinne) verleiht dieser Aktion die Fähigkeit, das Sein in seiner wunderbaren Emotionalität der Liebe zu bestätigen und *mit zu westen*.

---

[44] Vladimir Brânduş (mein Pseudonym für Schriften in Rumänisch), *Gânduri altfel despre ...* (Andere Gedanken über ...), in dem Essay *...titirez, fascinaţie, Oblomov şi mângâiere* (...Kreisel, Faszination, Oblomov und Streicheln), Clusium Verlag, Klausenburg (Rumänien) 2007.
[45] *Bulletin de la Société Française de Philosophie*, Jahr 103, Nr.2, April-Juni, 2009. Ali Benmakhlouf ist Philosophieprofessor an der Universität Sophia Antipolis in Nizza. Seiner Theorie der „Farben der Gedanken", und umso mehr eine „Farbe der Philosophie" (!?), stimme ich nicht vollkommen zu. Ich nehme aber gerne den Gedanken von Frege an, dass es eine „psychologische Ummantelung" der Ideen gibt.

ZUHÖREN UND BETRACHTEN

Wir kehren jetzt zurück, zum letzten Mal, zu den effizientesten und wichtigsten Elementen der Mythos-Sphäre, die dem menschlichen Sein als befreiende Agenten seines Ichs zur Verfügung stehen: die *Musik* und die *Farbe*.

Zuerst ist es nötig einige Ideen bezüglich des „Anwendungs-Modus" der musikalischen und der Farb-Rezeption zu erwähnen. (Ich erlaube mir diesen Ausdruck aus dem Bereich der Pharmakologie zu benutzen, weil sowohl die Musik als auch die Farbe gut tuende „Medikamente" für das Ich sind) Für eine effiziente Rezeption des musikalischen Klangs und der Farbigkeit, muss vor allem die Seele *„weiß"* sein, entleert und bereinigt von jeglichen Geräuschen und Residuen ... *weiß*, wie das Kleid einer Braut, *weiß*, wie die noch nicht bemalten Wände einer Kirche ... Die Seele soll so *weiß* sein, dass sie wieder genuin geworden ist. Erst dann, aufgefrischt und erneuert, könnte die Seele die wahre Kommunion der musikalischen und farbigen Empfindungen erfahren. Dann wird die Seele des Seins das Mysterium der wahren Freiheit des Ichs erfahren! Erst dann: durch die Musik und die Farbe! Beim Zuhören der Musik und Kontemplation der Farbe baut die Seele ganze Welten auf, durch welche sie wie in einem sagenhaften Tanz zu sich selbst fliegen kann, und dabei ist ihr sogar gegeben, die in der Musik versteckten Farben zu sehen und auch die geheimen Klänge der Farben zu hören. Jede andere „Übersetzung" der Musik oder der Farbe, zum Beispiel in Bildern, Geschichten, Szenarien etc., vermindern, trivialisieren sogar das musikalische Erlebnis und Farberlebnis. Eine solche „stiefmütterliche Übersetzung" der Musik oder der Farbe würde den *Begriff* – dieser treue Sohn und das Instrument des Logos – unabwendbar in ihrer puren Welt beimischen! *Der Begriff tötet die Musik und die Farbe!* Obwohl es bekannt ist, ist es gut daran zu erinnern: Hören ist eine Sache, während das *Zuhören* eine ganz andere, ebenso wie das Sehen viel weniger bedeutet als das *Be-*

trachten. Die beide Göttinnen der Freiheit des menschlichen Ichs, die Musik und die Farbe, müssen *zugehört* und bzw. *betrachtet* werden, um wirklich „Göttinnen" zu werden. Das Zuhören und Betrachten verlangen *erlernt* zu werden. Nach Meinung vieler Kommentatoren war Arthur Schopenhauer vielleicht der größte – mit Sicherheit auch der berühmteste – Musikliebhaber. Wenige haben die Musik so besessen geliebt, wie er, kein anderer hat diese auf einen höheren Ideen-Sockel gehievt, wie er es tat. Besonders in der Zeit seiner fortgeschrittenen Reife ging der Philosoph fast jeden Abend ins Konzert in Frankfurt am Main. Seine Biographen berichten, dass sobald die ersten Töne erklangen, der Denker die Augen schloss und sein Kopf sich langsam nach hinten neigte. Er blieb so, bewegungslos, bis zum Applaus. Mit Sicherheit trug ihn die Musik in seinem tiefsten Inneren und dabei *lehnte er jegliche zusätzliche Wahrnehmung ab*, inklusive das Bild des Orchesters. Beim Musikhören war dieser Weise nur mit sich selbst, für sich selbst und seinen beflügelten Ideen. Schopenhauer empfiehlt, die Perzeption der Musik *„einzig und allein in und durch die Zeit, mit gänzlicher Ausschließung des Raumes, auch ohne Einfluß der Erkenntniß der Kausalität, also des Verstandes"* zu erleben. Wenn der Philosoph die Musik mit einer (vermuteten und gewünschten) *kompletten* und einzig *wahren* Philosophie gleichsetzt, meint er keineswegs eine banale musikalische Illustration der Ideen. So wie von seinem Werk zu verstehen ist, sagt er, dass die Musik – viel hochwertiger als die Begriffe, Konzepte und Ideen – der *ideale Ausdruck des universellen Willens ist* – und dieser letztere sogar das Wesen der Welt bedeutet! *„Man könnte die Welt ebenso wohl verkörperte Musik, als verkörperten Wille nennen"*, betont der Philosoph[46]. Aus diesen Gründen glaube ich, dass, zum Beispiel, als der russische Komponist Modest Musorgskij seinen allerdings wunderschönen Kla-

---

[46] Beide Zitate von Arthur Schopenhauer, *Die Welt als Wille und Vorstellung I*, §52.

vierzyklus *Bilder einer Ausstellung* (1874) betitelt hat, er ein gewisses Risiko eingegangen ist. Das Risiko besteht darin, dass die unerfahrenen Zuhörer geneigt werden könnten, die Bilder, die den Komponist inspiriert haben, in ihrer Vorstellung zu „suchen". Das heißt, die musikalische Wahrnehmung mit Begriffen und beschreibaren Bildern zu vermischen. Aus demselben Grund lehne ich es ab, die Versuche einiger zeitgenössischer Musiker (Interpreten der symphonischen Musik!) ihre so edle Kunst mit Pantomime und übertriebener Mimik zu unterstützen – egal wie gelungen im Sinne des Theaters oder der Choreographie solche Exerzitien sind. Ich hoffe, ich habe genug über „Anwendungs-Modus" der musikalischen und Farb-Rezeption gesagt. Den Lesern, die von diesem pharmakologischen Ausdruck etwas irritiert sind, komme ich entgegen und schlage vor – bin sogar geneigt – diese Gedanken *Hygiene der Wahrnehmung von Musik und Farbe* zu nennen. Eigentlich ist es egal, wie diese Gedanken genannt werden, die Hauptsache ist, dass diese Prinzipien befolgt werden.

MUSIK UND FARBE - OFFENE WERKE

Die Zuweisung der Musik und der Farbe (nur in ihre konnotative Funktion) der Mythos-Sphäre war nur möglich wegen der Tatsache, dass die beiden keinerlei univoke, Vernunft- oder Informations-Korrelat haben. In dieser *suggestiven* und gar nicht deskriptiven(!) Eigenschaft der Musik und der Farbe liegt ihre *Freiheit*, die auch die *Freiheit des Subjektes* ist, wenn dieses ihr zuhört oder bzw. es betrachtet. Von der Perspektive der Logos-Sphäre betrachtet, heißt diese suggestive Eigenschaft, die Abwesenheit jeglicher Vernunft- oder Informations-Korrelat, *Ambiguität* (Mehrdeutigkeit). Der italienische Schriftsteller und Philosoph Umberto Eco hat im Jahr 1962 die „Theorie des offenen Kunstwerks" erstellt, die ein wahrer Kult für mehrere Generationen von Künstlern geworden ist[47]. Er gründet seine Theorie gerade auf die

---

[47] Umberto Eco, *Opera aperta*, Casa Ed. Valentino Bompiani, Milano, 1962. Für die Referenzen und Zitaten habe ich die deutsche Übersetzung benutzt:

Ambiguität der Perzeption: *„Psychologie und Phänomenologie reden heute von **perzeptiver Ambiguität** als der Möglichkeit, aus der Konventionalität der gewohnten Erkenntnisweise herauszutreten, um die Welt in einer Frische der Möglichkeit zu erfassen, die vor jeder gewohnheitsgeschaffenen Festlegung liegt"* (S. 50). Ecos Arbeit ist tief und sehr überzeugend. Sie stützt sich auf die phänomenologischen Untersuchungen von Edmund Husserl, auf Maurice Merleau-Ponty (*Phénoménologie de la perception*) und auch auf das Studium *Estetica – teoria della formatività* von Luigi Pareyson. Der „offene" Charakter eines Kunstwerks ist der Tatsache zu verdanken, dass bei seiner Wahrnehmung jedes Subjekt eine gewisse *„Sensibilität, eine bestimmte Bildung, Geschmacksrichtung, Neigung, persönliche Vorurteile mit sich bringt (…) so daß das Verstehen der Ursprünglichen Form gemäß einer bestimmten **individuellen Perspektive** erfolgt"* (S. 30). Auf der anderen Seite ist festzustellen, dass je mehr wir uns der modernen Epoche annähern, verleihen die Künstler ihren Werken vermehrt und absichtlich die „Ambiguität", besser gesagt: Sie bevorzugen die *Konnotation* und nicht die *Denotation*, die *suggestive eki-* oder *plurivoken* Elemente und nicht jene, die *deskriptiv und univok* sind. (Diese historische Evolution haben wir in Bezug auf die Farben im Bild auch in diesem Text festgestellt) Im selben Geiste fügt Eco ein sehr eloquentes Zitat von Mallarmé ein: *„nommer un object c'est suprimer les trois quarts de la jouissance du poème, qui est fait du bonheur de deviner peu à peu: le suggérer … voilà le rêve …"*[48] (S. 37 in Ecos Arbeit).

Das offene Kunstwerk (2, Auflage) Suhrkamp Verlag, Frankfurt am Main, 1977.
[48] Das Zitat ist original in Französisch. Hier meine Übersetzung: *„ein Objekt zu nennen, bedeutet die Beseitigung von dreiviertel des Genusses eines Poems, der aus dem Glück, allmählich zu erraten, gebildet ist. Dieses zu suggerieren … das ist der Traum …"*

Dass jedes musikalische Werk eindeutig „offen" ist, offener für kreative, persönliche Interpretationen als alle anderen Kunstwerk-Typen, die sich auf Begriffe oder auf Bilder, die *per se* deskriptiv sind, kann nicht bestritten werden. Aber auch die Farbe in ihrer konnotativen Funktion, als Teil eines Kunstwerkes oder in der Natur angetroffen, ist zweifelsohne auch „offen", vorausgesetzt sie wird zum Objekt der Kontemplation. Denn dann funktioniert und agiert sie auf die Seele ähnlich, wie die Musik! *Die Farbe ist „das offene Werk" der Welt!*

MUSIK, FARBE UND ESSENZEN

Es ist eine verblüffende und kaum erklärbare Paradoxie: Die Tatsache, dass die Musik und die Farbe, gerade diese zwei Elemente, die bei Wahrnehmung die höchste subjektive Freiheit generieren, als Basis Phänomene haben, die voll erklärbar durch die Vernunft und Mathematik sind. Die *Essenz der Musik*, als Sequenzen von akustischen Vibrationen verstanden und auch die *Essenz der Farbe*, die, wie wir gesehen haben, eine elektromagnetische Welle ist (auch messbare Vibrationen!), gehören beide der Logos-Sphäre. Die Fähigkeit in diesen Vibrationen Musik und Farbe zu perzipieren, diese *zum Status eines offenen Werks zu erheben*, gehört ausschließlich dem menschlichen Sein – sie ist die kostbarste Gabe, die die Natur dem Menschen anbieten konnte! Es ist das Geschenk, das den Durst des Menschen nach Individualität hält und unterhält. Wie wunderbar und wohltuend ist unsere Gleichgültigkeit für die Essenzen, wenn wir Musik zuhören, Farben betrachten oder die Liebe erleben! Der Philosoph Emil Cioran sagt über die Essenzen: *„Die Essenzen sind ein Aberglaube des philosophischen Geistes ... Jedes Ereignis des Lebens, bis in seine Essenz gedacht, entfernt uns vom Leben ... Der flüchtige Inhalt von Illusionen ist eine bessere Nahrung für das Leben, als die substantielle Illusion der Essenzen ... Während die so sehr von Menschen respektierten aber ungeliebten Essenzen nichts haben retten können, bleibt nur der Mut zur Illusi-*

on"[49]. Dazu soll betont werden: Aus der Perspektive der Logos-Sphäre betrachtet, ist die ganze Mythos-Sphäre nur *Illusion*! Wie arm wären wir, wenn wir beim Musikhören an die mathematischen Proportionen der Klangsequenzen oder bei der Kontemplation der Farben an die Gleichungen von Maxwell denken würden! Wie arm wären wir, wenn wir von diesen nicht ein „offenes Werk" hätten machen können! Und der Tag an dem wir alle elektro-chemischen Prozesse, die im Gehirn den Zustand der Liebe verursachen, erfahren würden, würde für mich ein trauriger Tag ... ein sehr trauriger Tag!

Die Musik, die Farbe – gemeint werden hier besonders die Empfindungen, die diese verursachen – und auch die Liebe vertragen keine Vergleiche oder „brave" und „disziplinierte" Zuweisungen in irgendwelche Kategorien, Unterkategorien, Schemen oder ordnende Karteien. Sie sind zu human dafür! Auch deren wissenschaftliche Analyse ist nicht immer willkommen. Sie sollen *erlebt* werden – und nur das! Von dem ganzen Sein als *offene Werke erlebt* zum Guten des Ichs!

„AMOR MUSICAE" UND *„AMOR CHROMATIS"*

Zu Beginn der Arbeit an diesem Text, habe ich versucht, auf das Model der lateinischen Ausdruck *more geometrico*, einen *„more chromatico"* zu finden oder zu entziffern ...[50] Ich habe

---

[49] Emil Cioran, *Le livre de Leurres*, S. 249-251 in *Cioran Œuvres* ed. Gallimard, Paris, 1995.

[50] Der Begriff *chroma, chromaticus, -um* (n) ist sehr schwer in einem Latein Wörterbuch zu finden! Dennoch habe ich den als „veraltet" in *Latin Dictionary Levis & Short*, Oxford University Press, 1962 gefunden. Sein Ursprung ist das griechische Wort χρωμα (chroma), das *Farbe* bedeutet. Das lateinische „more" ist ein Derivat von *mōs, mōris* (m) der *Sitte, Gewohnheit, Brauch* etc. bedeutet. *„geometrico"*, *„musico"* und *„chromatico"* sind die ablativen Formen der Stammwörter. Die Wörter *„musicae"* und *„chromatis"* mit ein *„amor"* davorne bedeuten dann *Liebe für die Musik bzw. für die Farbe*. So entstanden in diesem Text *„amor musicae"* und *„amor chromatis"*. Die grammatikalische Form ist der sogenanten *genitivus obiectivus*. Bei der Bildung dieser Ausdrü-

keinen *„more chromatico"* gefunden, wie auch keinen *„more musico"* ... Eigentlich hätte ich das auch nicht finden können, denn die Musik und die Farbe lassen sich nirgendwo zuweisen, nicht mal in einem *„more"* d. h. in dem Schema einer Sitte, Gewohnheit, Brauch etc. Die Musik und die Farbe, wie auch die Liebe, erscheinen in der Seele immer wieder neu und erneuert, immer frisch und bereinigt, denn sie sind immer nur *unsere in dem Moment in welchem wir sie erleben*. Anstatt des gesuchten *„more"* habe ich ein *„amor"* gefunden – eine Liebe und Anziehung des Seins zur Musik und zur Farbe. Solange wie wir einen *amor musicae* und einen *amor chromatis* haben und deutlich empfinden, solange wie wir auch eine Neigung zur Liebe verspüren, werden wir seelisch erfüllt, unser Ich wird aufblühen und jetzt, befreit und ausgeglichen, wird es sogar die ganze Welt und das Leben lieben können.

Im Namen der *amor musicae* und der *amor chromatis*, im Namen der Liebe und des Durstes nach Individualität und Freiheit des eigenen Ichs, ist es zwingend nötig die *AUFMERKSAMKEIT* wieder zu erlernen. In dem alltäglichen Tumult, von dem Logos geführt und aufgedrängt, haben wir leider auch Sachen verlernt, die nicht unmittelbar mit unseren egoistischen Interessen oder mit unserer persönlichen Sicherheit zu tun haben, *Acht* zu geben. Wir vergessen viel zu oft die Schönheit der Weltvorstellung zu *beachten*. Wir vergessen die ganze Welt zu *achten*, von dem Leben der kleinsten Insekten oder Pflanzenblättchen bis zu den großen Tragödien unserer Mitmenschen. Wir vergessen, dass, wer nicht der Welt *Acht* zu geben weiß, wird auch nicht wissen, auf das eigene Ich zu *achten* – er wird sich ein Leben lang selbst benutzen, ähnlich einer „sozialen Maschine", nur zur Produktion von sinnlosen Erfolgen und Ehrenbezeichnungen. Es ist hier die Rede von jener Aufmerksamkeit, die fast alle fernöstlichen Philo-

---

cke war ich von dem Philosophen Friedrich Nietzsche inspiriert, als er oft über einen *„amor fati"* sprach, der Liebe für das Schicksal bedeutet.

sophien empfehlen: Eine *demütige* und zugleich *zärtliche* Aufmerksamkeit für die ganze Welt und für alles, was in der Welt ist, eine *denkende* und *respektvolle* Aufmerksamkeit, eine Aufmerksamkeit ohne welche die *Meditation* und die *Kontemplation* nicht stattfinden können. Es ist eine *Achtsamkeit,* ohne welche das menschliche Ich nicht die seelische Nahrung bekommen kann, um in voller Freiheit aufzublühen. Lass uns der Welt *Acht geben*, der Musik und der Farbe *Acht geben*, der Liebe *Acht geben*, denn nur dann wird in unserem aufgeblühten Ich jener *fabelhafte Tanz von ununterbrochen sich ändernden seelischen Zuständen* erscheinen. Ein Tanz, der ständig unser Sein und unsere eigene, wahre Individualität *mit-west*!

In der uralten indischen Mythologie ist der erwähnte „fabelhafte Tanz" eigentlich der *Shiva Tanz*. Diese supreme Gottheit hält die Welt am Leben durch ihren Tanz – hört Shiva zu tanzen auf, verschwindet die Welt! So der Glaube. Ananda Kentish Coomaraswamy (1877-1947), vielleicht der kompetenteste Forscher und Interpret der indischen Kultur, sagt zu Shivas Tanz: *„Der Ort dieses Tanzes, Chidambaram, ist das Zentrum des Universums und befindet sich innerhalb des Herzens"*[51].

Also der Ort des Shiva Tanzes, *Chidambaram-Zentrum-des-Universums*, befindet sich innerhalb des Herzens, *in dem Ich des menschlichen Seins*! Die Bestätigung kommt einige Jahrtausende später auch in Fernost, nämlich in China. Der chinesische Philosoph in der Zeit der Ming Dynastie, Wang Shouren (1472-1529), war ein wichtiger Vertreter der Neokonfuzianistischen Schule. Diese Philosophie behauptete, dass das menschliche Bewusstsein die Ur-Quelle von allem, was existiert, ist. Shouren sagte über die Perzeption und die Aufmerksamkeit folgende Wor-

---

[51] Ananda K. Coomaraswamy, *La danse de Çiva - quatorze essais sur l'Inde*, ed. L'Harmatan, 2000. Mehr über die Bedeutungen des Gottes Shiva ist in dem Essay *Das Schweigen, die Ziffer Null und die Ruhe* (in diesem Buch) zu lesen.

te von großer Bedeutung und Weisheit: *„Bevor du diese Blüten betrachtet hattest, befanden sich sowohl sie als auch dein Herz in einem Zustand der stummen Leere. Erst in dem Augenblick, als du sie ansahest, leuchteten sie plötzlich auf in ihren Farben und gewannen ihre klare Gestalt. Daraus kannst du ersehen, daß sie außerhalb deines Herzens überhaupt nicht existieren."*

Ich weiß nicht mehr, ich kann und will vielleicht auch nicht mehr, etwas Zusätzliches über *Farbe und Sein* zu sagen.

Höchstens könnte ich mich jetzt einem Freund, einem guten, nahestehenden Freund im Geiste und Seele zuwenden:

SCHLUSSREDE

Lieber Freund, weil wir uns so lange kennen, ein ganzes Leben, erlaube ich mir jetzt, im Alter der weißen Haare, dir einiges zu sagen. Ich habe dich immer für alles, was du gelernt hast, für deine Kultur bewundert. Sogar war ich neidisch im besten freundschaftlichen Sinne auf deine Mühe, immer mehr zu wissen. Deine Art zu denken, deine oftmals glänzenden Argumentationen kamen immer aus dem großen Reich der Vernunft. Bezaubernd warst du und bist du auch, lieber Freund! Es ist ein Vergnügen, mit dir zu sprechen!

*Auf der anderen Seite, weiß ich wohl, dass in deiner Seele immer ein großer Wunsch, sogar die Notwendigkeit innewohnte, zu denken und zu agieren so, wie du willst, wie du fühlst, wie dein Herz dir sagt. Auch das war schön in deiner Person! Ich verstehe dich! In dem Wunsch und der Notwendigkeit, du selbst zu sein, lese ich die Anziehung zu der Freiheitsdroge. Erschrecke dich nicht! Ich will dir nicht sagen, dass eine Droge die Freiheit wäre, sondern nur, dass die Freiheit **die Kraft** einer Droge hat. Frage jeden Gefangenen, der in einem Gefängnis als solches oder in dem großen virtuellen Gefängnis des Prinzips **„muss"** eingesperrt ist: Er wird dir von dem hohen Wert des Prinzips **„wollen"** erzählen. So hast du versucht, dich zu befreien, indem du in dei-*

nem Leben spontane, unüberlegte und von der Fiber der Ungeduld aufgeheizte Entscheidungen getroffen hast. Der erste Moment war immer reines Vergnügen – eben die Droge der Freiheit – aber in dem nächsten Moment ist es dir gegeben, dich an den logischen und rationellen Konsequenzen zu stoßen. „Der Logos der Welt", der **außerhalb dir** ist, hat sein Wort gesprochen. Die Ratio hat immer das „letzte Wort"! Der Zauber hat sich in Leid und Tränen verwandelt. Das, genau das mein lieber Freund hat mich traurig gestimmt und mir Sorgen für dich verursacht. Ich erinnere mich an deine erste und zweite Heirat ... an deine vielen Beziehungen von „großer Liebe", die immer in die Brüche gegangen sind ... Ich erinnere mich auch an deine „Verrücktheit", dich immer wieder selbst zu „erfinden", dein Ziel und Lebensmodus zu ändern ... immer mit dem Herzen beginnend und überhaupt nicht mit gesunder Vernunft ... immer von einer „glänzenden Niederlage" gekrönt. Hm ... wie Alexis Sorba ... auch die Zusammenstürze können manchmal schön sein ... aber immer schmerzhaft, mein lieber Freund!

Wenn du mein Essay „Farbe und Sein" – gerade für dich geschrieben – gelesen hast, hast du sicher verstanden, was ich deinem Sein wünsche: Ernähre deine Sehnsucht nach Fliegen und der Freiheit durch Kunst, Musik und Farbe! Nur so wirst du nie in Konflikt geraten mit dem, was wir Ratio nennen. Du weißt sehr gut, mein Lieber, dass die echten Wissenschaftler, immer der Vernunft untergeordnet, gerade auf die Kunst und Musik sehr oft großen Wert legen. Ernähre dein „Inneres", dein nach Freiheit durstiges Ich mit dem unbeschreiblichen Nektar der Musik und der Farben! Denn gerade jetzt, in den „Zeiten der Vernunft", sind diese die einzigen, die dein Wesen in voller Sicherheit mit-westen können.

Die wahre und tiefe Perzeption der Musik und der Farbe, zuhören und bis Kontemplation betrachten, ist eine intime und fast sakrale Prozession. Erlebe diese immer alleine, nur mit dir *selbst! Versuche bloß nicht, sie zu verstehen und nicht mit Anderen über sie je zu sprechen! Denn diese Erlebnisse sind nur deine! Vergiss, mein lieber Freund, alles, was illustre Philosophen über Musik und Farbe gesagt haben! Vergiss auch des Newtons Prisma, die Gleichungen von Maxwell, die Nanometer und die Teraherzen und auch die Wellenlängen! Du sollst die Zapfen, die Stäbchen und die Ganglienzellen in Vergessenheit eintauchen lassen! Vergiss auch die Qualia ... Apropos Qualia erzähle ich dir jetzt eine kleine Geschichte, die deine Stirn hoffentlich ein wenig entspannen wird: Der zeitgenössische amerikanische Philosoph Ned Block berichtet, dass der große Jazzmusiker Louis Armstrong, gefragt, was ist und warum er den Jazz mag, geantwortet hat: „Wenn du fragen sollst, wirst du es nie verstehen". So etwas fühlt man, oder nicht – wie die ganze Musik und die Farbe!*

Lieber Freund, ich strecke dir jetzt die Hand entgegen. Leg deine Hand in meine. Fühlst du, dass meine Hand etwas unsicher, unentschlossen ist? Du glaubst vielleicht, es ist die Kraftlosigkeit des Alters ... Nein, nein, mein Lieber, es ist nicht die Hinfälligkeit des Alters ... noch nicht! Es ist ein gewisser weiser Zweifel, ob du meinem Rat folgen würdest ... der Zweifel, ob du mich verstanden hast ... Vielleicht ... vielleicht wäre es besser gewesen, dich über dem Kopf zu streicheln ...anstatt dieses Essay geschrieben zu haben ...

Ich habe die Arbeit an diesem Text am 22.06.2014 beendet. Es ist ein unentschlossener, kapriziöser Sommer.

Krällchen

Ein Text aus dem Reich der Emotionen

Ich erwische dich seit einiger Zeit dabei, wie du bei deinem lebendigen und bezaubernden Spiel, das jedes Gesicht aufhellt, innehältst und mir lange und regungslos, in die Augen blickst. Auch während deines ruhigen und beruhigenden Schlafs geschieht es manchmal, dass du dein Köpfchen hebst und mich mit deinen grünen runden Augen ununterbrochen anschaust.

Liebes Wesen, dein ungewöhnlicher Blick betrübt mich! Er betrübt mich durch seine mir unbekannte Aufdringlichkeit ... Dein Blick erzählt, dass du mir etwas sagen würdest ... etwas sagen, wenn du wüsstest und könntest, dich in meiner Sprache auszudrücken ...

Ein kaltes und schneidiges Naturgesetz hat meine Sprache so gerichtet, dass sie zu deiner Sprache nicht passt. Sei nicht traurig! Erfahre, dass auch meine Mitmenschen sich nicht immer verstehen, obwohl sie die gleiche Sprache sprechen ... Wie viel Leid das sich untereinander Nichtverstehen bringt, werde ich dir nicht sagen – es würde dich zu traurig stimmen ... Du musst lernen: Manchmal ist es gut, nicht wirklich alles zu wissen. Vor allem über das, wozu die Menschen fähig sind, nicht alles zu wissen! Ich habe aber auch jenseits der Sprachen, die uns trennen, versucht dich zu verstehen. Deine Seele und dein Wesen, deine Wünsche und Freude und auch deine Ängste, die dich erfassen, zu verstehen.

Der Tag, an dem ich dich zu mir brachte, war wie ein Fest, das ich niemals vergessen werde. Es war der Tag, an welchem mein Leben sich veränderte. Der Tag, an welchem die Einsamkeit und Leere, die mich bedrückten, nur durch deine Anwesenheit vertrieben wurden. Auch jetzt erfasst mich noch ein Schauer, wenn ich mich daran erinnere, wie klein du warst an diesem Tag, als ich dich zu mir brachte. So klein, dass du in meiner Hand Platz hattest. Du warst so zart und unbeholfen, dass mich ständig die Angst verfolgte, dir könnte etwas passieren und der kleine

Lebensfaden, den du hattest, abreißt. Ich war bereit, alles zu tun, nur um dich zu schützen. Was für einen schönen Gedanken hast du durch deine Unbeholfenheit in mir erweckt!

Am Anfang ernährte ich dich mit der Flasche wie ein Baby. Ich streichelte dich und erzählte dabei, aus dir einen stattlichen Kater, voller Würde, sogar mit königlicher, majestätischer Erscheinung machen werde. Deine Pfötchen, weiß wie sehr kleine Schneebälle versteckten kaum sichtbar in ihrem feinen Fell ein Etwas, das Krallen ähnelte, aber schon messerscharf – eher ein Witz als eine gefährliche Kralle. Darum nannte ich dich „Krällchen".

Wie viel hast du, kleines Wesen, mir gegeben! Früher hätte ich nicht mal im Traum glauben können, dass so etwas auch möglich wäre! Sobald du ein wenig gewachsen warst, fingst du an pausenlos zu spielen. Du sprangst, rolltest dich hin und her, machtest dich lang und dünn, wie ein Seil und auch zur Knolle hast du dich verwandelt. Ich hatte Spaß, kleine Kügelchen aus glänzendem Stanniol für dich zu basteln. Als ich diese vor deinen Augen auf dem Boden rollen ließ, ranntest du mit großer Hast, sie zu fangen. Aber sobald du sie gefangen hattest, schubstest du die Kugeln noch weiter auf dem Boden, um zum zweiten, zum dritten und zum vierten Mal das Rennen, Fangen und Wiederschieben neu aufzunehmen – wichtig war, dass das Spiel kein Ende hatte! Eines Tages hatte ich die verrückte Idee, am Ende einer Rute ein Bund farbiger Federn zu fixieren – seltsam: gerade in dieser Zeit schrieb ich etwas über Farben! Die Federn waren in strahlendes Rot und Blau, in Violett und Gelb oder Türkis gefärbt. Sobald ich diese Rute vor dir bewegte, wurdest du von großer Begeisterung erfasst und versuchtest, den schönen und naiven Schmuck unbedingt einzunehmen. Die Menschen, die meistens keine Spur von Weisheit haben, würden sagen, dass dein pausenloses Spiel keinen Sinn hätte: Dies bringt nichts und dort, wo es zu Ende ist, ohne Grund wiederbeginnt. Du musst wissen, Krällchen, das diejenigen, die so etwas sagen, vom Leben nichts verstehen. Ich aber danke dir von ganzem Herzen, mir durch deinen Narreteien und Possen wieder beigebracht zu haben, was *die Heiterkeit* bedeutet – ein Zustand, den ich so viele Jahre vergessen hatte ... Ich danke dir, liebes Krällchen!

Von der Liebe und der Treue, die du mir gezeigt hast, wurde ich regelrecht überbewältigt. Jedes Mal wenn ich nach Hause kam und die Wohnungstür öffnete, fand ich dich dort, an der Türschwelle, als ob du auf mich gewartet hättest. Du wusstest, dass ich derjenige bin, der kommt! Dann begannst du einen weichen Tanz in Kreisen um mich herum und miautest diskret, schön, eine willkommen Steicheleinheit verlangend – und du bekamst sie immer, es war dein Recht! Als ich mich vorbereitete, vom Hause weg zu gehen, fühltest du das frühzeitig und wurdest leicht nervös, besorgt. Du begleitetest mich bis vor die Tür, als ob du mitgehen wolltest. An dem Tag als ein gewaltiger Sturm mit furchterregenden Blitzen und Donner unsere Stadt heimsuchte, bekamst du große Angst. Du verstecktest dich in meinem Schoß. Deine Augen waren vor Schreck geweitet. Ich fühlte, wie dein Herzchen ungewöhnlich schnell zu schlagen begann. Ich streichelte dich und sagte, die Gefahr wird bald vorbei sein. Du schliefst ein. Eine Stunde lang traute ich mich nicht, dich aufzuwecken. Ich wollte, liebstes Krällchen, das du alles vergisst, was böse ist und in deiner schönen Welt sich einzuschleichen versucht.

Und du wusstest schwarze und hässliche Gedanken aus meinem Kopf zu vertreiben. Abends, wenn ich erschöpft und mit Sorgen belastet, mich hinlegte und einzuschlafen versuchte, fühltest du, mir geht es nicht gut, und machtest dir ein Nest an meinem Körper. Schnurrtest dann ununterbrochen, als ob in dir ein fleißiges Motörchen wäre. Die Eintönigkeit des Schnurrens beruhigte mich. Ich streichelte dich und das weiche Streicheln über dein seidenes Fell kam zehnfach zärtlicher zurück zu meiner müden Seele. So vertriebst du in schweren Stunden meine Unruhe und trugst mich langsam und leicht schaukelnd, wie in einem Boot auf ruhigen Gewässern zu anderen, besseren und einfacheren Welten ... bessere und einfachere Welten als die, die der Mensch eingerichtet hat! Du halfst mir, *die Ruhe* wieder zu finden – die große, die wahre Ruhe, die die wenigsten Menschen richtig verstanden haben. Um dir, geliebtes Krällchen, dafür nur ein „dankeschön" zu sagen, ist zu wenig ... viel zu wenig!

Wenn träumen, an deinen Traum zu glauben und auch mit ihm spielen zu können, Kind zu sein bedeutet, dann musst du wissen, Krällchen, dass ich dir und nur dir zu verdanken habe, die Kraft und die Weisheit, um zu jenem wunderbaren Alter wieder zurückzukommen. Mit dir bin ich wieder Kind geworden, auch wenn nur ein paar gesegnete Stunden täglich. Ich träumte von dem Tag an dem du imposant und groß geworden bist. Ich wollte dann aus goldenem Stanniol eine stolze Krone machen und sie auf deinen Kopf setzen. Ab diesem Moment würde ich dich nicht mehr „Krällchen" nennen, sondern *Seine Majestät Kralle der Erste – Kaiser des Katzenvolkes*. Ich würde mit dir vorbei an allen Häuser spazieren, wo deine Gleichen wohnen, um dich gekrönt zu zeigen und auch meinen Stolz, persönlich mit dem Kaiser befreundet zu sein. Frühzeitig bereitete ich dich vor für dieses hohe Amt, das ich dir vorschrieb. In meinem Traum belehrte ich dich, dass es sehr notwendig wäre, Schulen für die Kleinen deiner Gattung zu gründen. Dort sollten sie lernen das gute Benehmen, nicht allzu viel zu klauen (ein wenig ist es doch erlaubt!) und die Mäuse, die sie fangen, nicht zu sehr zu quälen. Den Kleinen sollte in der Schule beigebracht werden, wie schön und melodisch zu miauen ist, so wie du es sehr überzeugend machst. Ich riet dir auch, Gerichte einzurichten, wo Richter, ältere, weise und erfahrene Genossen deines Gleichen, im Falle eines Streits wahre Gerechtigkeit walten lassen und auch bestrafen – nicht zu hart – diejenigen, die nicht auf die Gemeinde hören und Bosheit oder Feindlichkeit anstiften. Wiederholt sagte ich dir, deinen Untertanen beizubringen, großzügig zu sein und die Güter, die sie besitzen, mit denen, die weder Herrchen, noch ein Nest haben oder keinen Schutz genießen, zu teilen. Ab und zu ein Mäuschen oder eine Praline – auch geklaut – ist genug, um ihnen das Leben ein wenig besser zu machen. Ich träumte, du wärst imstande, wirklich ein Paradies für deine Untertanen zu machen – ein Paradies, so wie ich das auch für meine Menschengattung wünsche! Als ich über Schulen und Gerichte sprach, wollte ich keine Sekunde, dass du Einrichtungen von meiner Gattung, sowieso viel zu müde, viel zu komplizierte und oft auch pervertierte, für deine Gattung übernimmst. Eher sollte es umgekehrt sein! Wir Menschen sind diejenigen, die jetzt an Einfachheit, Klarheit und Gerechtigkeit großes Bedürfnis haben. So war mein Traum-Spiel mit dir! Eine wunderschöne Utopie. Wie zauberhaft ist *die Kindheit*, die du mir wiedergegeben hast!

Liebstes Krällchen, es ist kein Zweifel: Mit der Zeit wurden wir beide eins. Genau so, wie Michel, der aus Montaigne, einer der wenigen, der tief dachte und zugleich eine gute Seele hatte, damals sagte: *„Du bist meine Katze und ich bin dein Mensch"*. Ich lebte durch dich und du durch mich. Nichts auf dieser Welt hätte uns trennen können!

Aber die Tatsche, dich zu mir gebracht zu haben, wurde auch von Fragen und Gewissensbissen überschattet, die mir bis jetzt nicht die Ruhe geben.

Viel zu klein habe ich dich von deiner Mutter und Geschwistern entfernt. Als ich dich nach Hause brachte, warst du auf einmal so einsam ... so einsam, dass mein Herz zu weinen begann. Mir schien, du wolltest in allen Winkeln des neuen Ortes, immer die Deinen suchen, aber sie nicht fandest. Die frühzeitige Trennung von der Mutter kenne ich wohl: Als ich Kind war, in deinem Alter ungefähr, schrie und weinte ich, wenn die Mutter nur für eine kurze Stunde in die Stadt musste. Ich hatte das Gefühl, dass die ganze Welt auf meinem Kopf zusammenstürzte und ich für immer alleine bliebe. Du aber hast nach einer Zeit schon gelernt – du musstest lernen – dass ich alleine dir Mutter, Vater, Geschwister und auch guter Freund bin. Ich und nur ich! Ich gebe zu, Krällchen: Es war von meiner Seite nicht gerade fair, dich *so* zu zwingen, mich zu lieben ... Verzeih mir dafür, gute und geliebte Seele! Ich war ein Egoist ... so, wie die Menschen sind – vergiss das nie!

Noch schlimmer war, dass ab dem Moment, als ich dich zu mir brachte, setzte deinem Leben Grenzen: Ich sperrte dich für immer ein in meiner nur drei Zimmer Wohnung, dazu auch in der ersten Etage. Von der Fensterbank konntest du weite Gärten mit Grass, Bäumen und dichten Büschen sehen. Stundenlang betrachtetes du durch das Glas, wie das wahre Leben durch Äste und durch Büsche wimmelte, sich drängte und entfaltete. Es waren dort Eichhörnchen, Schmetterlinge, Vögel aller Art, mit Sicherheit auch Mäuschen und es kamen auch deine Gleichen von der Nachbarschaft. Ich kann keine Sekunde glauben, dass du nicht wolltest, dich auch hinein zu wagen in diese kleine Welt voll Abenteuer und Mysterium, in diese freie Welt, wie für dich geschaffen. Ich verbat dir ein Leben in Freiheit aus Angst, dass du dich verlaufen oder von Zuhause weg gehen könntest und nie mehr wiederkämest. Aber meine größte Angst und Obsession war, dass du die Straße überquerst und ein Auto dich überfahren könnte. Wenn du dich alleine in die Welt hinein wagen würdest, hättest du sogar noch fürchterlichere Gefahren treffen können. Nicht nur Hunde zehn Mal größer als du, die um jeden Preis euch beißen und töten wollen, sondern auch eine gewisse Sorte Menschen, die keine Skrupel und kein Rest von Liebe für die Tiere haben und ... mehr will ich dir nicht sagen, was sie mit euch machen ... Ich habe alles so eingerichtet und nicht anders, nur um dich vor jedem Unglück, das dich erwischen könnte, zu schützen. Ich hatte immer den Alptraum, dass dir etwas Grausames passiert und ich wusste nicht, ob ich das ertragen könnte. Siehst du, liebstes Wesen, wieder jener Egoismus, der uns Menschen so typisch ist? „Ich und nur Ich", immer dasselbe „Ich" sagt der Mensch den ganzen Tag und auch im tiefen Schlaf bei Nacht.

Eine Wunde, die sich nie schließen wird, blieb in meiner Seele bei der Erinnerung an einen Tag, den ich mit dir erlebte. An einem frühen Morgen, nachdem ich dich ernährte, schloss ich dich in deinen „Reisekorb" ein, den du überhaupt nicht mochtest. Diesmal schien mir, du wärst in diesem Korb unruhiger als sonst. Dein Miauen klang richtig ängstlich. Nach einer kurzen Fahrt war ich mit dir bei einem Tierarzt. Auf einem weißen Tisch in grellem Licht öffnete ich deinen Korb. Du wolltest aber nicht herauskommen. Du fühltest, es war nichts Gutes. Ich zog dich heraus. Deine Pfötchen zitterten und die Pupillen deiner Augen waren so groß, wie ich es nie gesehen habe. Der Arzt näherte sich und nach zwei zärtlichkeitslosem Streicheln stach die Nadel mit der Narkose in deinen Leib. So wie vom Blitz getroffen fielst du auf eine Seite. Miautest nicht mehr. Zittertest nicht mehr. Du warst wie tot. Das Bild deines Körpers, wie lebenslos liegend, dort auf dem mitleidlosen Weiß und in dem blendenden Licht, das alles schnitt, hat mich über alle Maßen betrübt. Ich wollte weglaufen, weit weg und mit allen Kräften die Verzweiflung, die mich erfasste herausschreien, und auch mir selbst Ohrfeigen geben, dir so etwas angetan zu haben. Sicher beherrschte ich mich. Ich sah noch, wie der Arzt sich dir wieder näherte ein glänzendes Skalpell in der Hand ... Ich schloss die Augen – ich konnte und ich wollte nicht auch das sehen ... Nach eine Weile hörte ich die Stimme des Doktors wie ein Sieger verkündend: „Die Operation ist zu Ende! Alles ist in Ordnung!" Meine und deine Qual waren auch zu Ende! Was der Arzt nicht wusste war, dass als er von dir etwas abgeschnitten hatte, er mit demselben glänzenden Skalpell eine Wunde in meinem weinenden Herz öffnete. Ich wartete auf dein Erwachen, wie einen Segen, wie eine Wiederkehr zu unserem so vollen und so schönen Leben. Spät, als in meinem Kopf schon die schwärzesten Gedanken keimten, geschah allmählich das Wunder: Du öffnetest die Augen, miautest ohne Kraft – du warst noch benebelt und sehr müde. Aber, Gott sei Dank, du lebtest! Glücklicherweise wusstest du nicht, du hättest es nie verstanden, dass ab jetzt eine Hälfte von dir, eine Hälfte deines Wesens, der Zweck, wofür dich die Natur berufen hat, nicht mehr vorhanden war. Die wurde dir entfernt, geraubt oder, wie etwas eleganter die Menschen sagen: amputiert. Wie gut ist, liebes Krällchen, nicht alles zu wissen ... nicht alles zu verstehen ... Wie gut!

Ich hatte dich sehr früh verwaist und vereinsamt, ich raubte dir die Freiheit und noch dazu verstümmelte ich dich, indem ich dein Wesen und Berufung löschte. Ist das der Sinn deiner so aufdringlichen Blicke? Sind diese Blicke ein aufreibendes „warum?" das du mir sagen würdest, wenn du in meiner Sprache sagen konntest? Ich tröstete mich mit dem Gedanken, dass du von allen Schlägen, die ich dir gegeben hatte, wahrscheinlich nicht allzu viel verstehst oder fühlst. Ich tröstete mich auch damit, dass alles, was ich tat, war nur um dir ein gutes und ruhiges Leben anzubieten. Was für ein leerer Trost! Was für eine unwirkliche Beruhigung! Meine Seele wird für immer von Gewissensbissen, Bedauern und Schmerz beladen sein, dir angetan zu haben, was ich dir antat. Dir zu sagen, Krällchen, für alles nur ein „Verzeih mir, liebstes Wesen" ist zu wenig ... viel zu wenig!

Es ist wahr, ich schenkte dir die ganze Liebe, zu der ich fähig war. Aber diese war nicht mehr als ein wärmender Mantel, der den Schmerz umhüllte – deinen und auch meinen Schmerz ... Wir beide bedeckten den Schmerz mit dem zarten Mantel der Liebe ...

So ist es, Krällchen, mit der Liebe und dem Schmerz: die jagen sich gegenseitig, wie die Sonne und der Mond. Wenn die Liebe entsteht, verkleinert sich der Schmerz, entfernt er sich, manchmal sogar verschwindet er. Und wenn die Liebe verwelkt, gerät in Ohnmacht oder ganz vergeht, freut sich der Schmerz, kommt eilig wieder und oft beißt er noch stärker als zuvor. Wenn du das verstanden hast, vergiss das nie – es könnte in deinem Leben nützlich sein.

Deswegen sage ich dir: Wenn das geschehen wird, dass ich dorthin, wovon niemand wiederkehren kann, hingehen soll, wenn es so wird und du alleine bleibst und ohne Schutz, schenke anderen Liebe, so wie du es mit mir machtest. Denn nur so hast du eine Chance in deinem Leben etwas besser zu haben. Nur durch Liebe kannst du den Schmerz vertreiben, der uns allen, die leben und noch nicht gegangen sind, auf Schritt und Tritt allzeit belauert.

Aber sei achtsam du, gute Seele, du saubere Seele! Pass gut auf, wem du deine Liebe schenkst. Denn nicht alle Menschen werden dein wertvolles Geschenk gut schätzen und verstehen können. Nicht alle Menschen werden, als Tausch für dein Geschenk, dir Liebe, Schutz und ein gutes Nest anbieten wollen.

Vertraue nicht immer der Tat und dem Wort des Menschen. Oft sind diese trügerisch und können in sich verbergen, was du nicht ahnen kannst. Besonders im Menschenwort ist große Gefahr versteckt, denn dieses zeigt oft, was es gar nicht gibt und was es wirklich gibt tarnt es mit List. Um für dein Verständnis mich auszudrücken: Das Wort des Menschen ist wie eine Maus aus Filz – es ködert, täuscht und begaunert dich, denn es gibt nichts von dem, was es verspricht. Dass die Menschen die Doppelzüngigkeit des Wortes – das in sich nichts bedeutet, aber alles andeuten kann – schätzen und auch lieben, dass sie aus dem Wörter-Filz glänzend polierte kulturelle Köstlichkeiten weben können und dabei sich berauschen bis zur Ekstase, soll dich nicht interessieren … Lass sie es ruhig machen! Es ist ihr Spiel mit bunten Kügelchen oder Perlen nur aus Glas ... Aber du pass auf, pass sehr gut auf, wenn du mit Menschenswort zu tun hast!

Auch die Taten meiner Gleichen ändern sich nicht selten. Einer guten, wohlwollenden Tat kann eine andere urplötzlich folgen: böse, sogar feindselig. Es ist genug, dass der „gute" Mensch hysterisch wird. Dann entfernt er sich von allem, was Gut, Maß und Vernunft bedeutet. Von Hysterie erfasst, glüht der Mensch: Er schreit und brüllt wie wild, schlägt nach links, nach rechts, schlägt überall, vergisst Gesetze und Prinzipien, vergisst, was Liebe ist, vergisst alle Versprechungen, die Sitten und Verpflichtungen. Der hysterische Mensch vergisst sogar die Mutter, den Vater und seine Freunde – er vergisst sich selbst! Er hat keinen Gott und nichts ist ihm heilig außer der Idee, die ihn zur Hysterie führte. Er ist feuergefährlich! Ein älterer Politiker, einer der wenigen, die wirklich klug waren, hat seine tiefe Sorge geäußert, dass fast alle Menschen hysterischer werden können – dass sie „hysterisiert" sein können, wie er sagte. Es ist wahr und sehr gefährlich: Es reichen nur ein paar schlau gewählte Wörter und Ideen um die Menschen – besonders wenn sie viele sind – gleich in die Hysterie zu treiben. Sie sind dann zu allem fähig, imstande jede Tat zu vollbringen ...

Aber, liebes Krällchen, ich vermute, du hast die Geschichte mit der Hysterie und „hysterisierung" meines Gleichen nicht sehr gut verstanden ... Vielleicht wirst du besser verstehen, wenn ich dir ein wahres Geschehen erzählen werde. Es ist ein düsteres und berühmtes Beispiel: Es war einmal ein Mann im höchsten Amt. Dieser fragte sein Volk, das schon von ihm in Hysterie getrieben wurde, ob es Butter möchte, um besser zu leben, oder Kanonen, um zu kämpfen und noch mehr zu erzielen. Alle haben einstimmig geantwortet: „Wir wollen Kanonen"! Die wurden ihnen gegeben ... Die Hysteriker begannen einen abscheulichen Krieg ... Sie haben mit Kanonen und anderen vernichtenden Waffen unermüdlich geschossen. Tod, Feuer und grenzlosen Schmerz haben sie bei benachbarten und auch bei etwas entfernen Völkern verbreitet. Aber die so mitleidlos Geschlagenen haben sich in ihrer Verzweiflung zusammengetan und kehrten den Tod, das Feuer und den grenzenlosen Schmerz zurück in das Land derjenigen, die keine Butter wollten, sondern nur Kanonen ... Das Unglück war eines der ganzen Welt, und auf dieser Erde gibt es nicht genug Tränen, die dieses ausreichend beweinen können. Jetzt hast du verstanden, Krällchen, was die Hysterie, besonders wenn sie kollektiv ist, mit sich bringen kann? Sei nicht unruhig! Das Feuer kommt hier, wo wir leben, nicht wieder – Wir alle hoffen, dass die grausame Lektion vielleicht gelernt wurde. Vielleicht ...

Für dich und deine Gleichen und auch für anderes Getier ist es aber von großer Wichtigkeit zu wissen, dass die Fähigkeit des Menschen, hysterisch zu werden, immer noch vorhanden ist. Es reicht, dass ein Professor mit etwas klangvollerem Namen in einem billigen Sensationsblatt schreibt: Ihr tragt in euch böse Bakterien und sehr gefährliche Viren, die auf den Menschen übertragen werden können und diesem drohende Krankheiten, furchterregende Infektionen und auch den Tod verursachen. Dann verwandelt sich die Angst in Hysterie, die schnell auf euch sich stürzt. Die Hysteriker wollen dann von euch sich trennen, wollen euch entledigen, sie jagen euch weg, verlassen euch am Straßenrand ins Unbekannte, womöglich auch töten. Nicht einer von den Hysterikern bedenkt eine Sekunde, dass der Mensch eine Menge von Bakterien in sich trägt, dass er noch schmutziger als jedes Tier ist und dass der Mensch sehr oft mindestens zwei der gefährlichen Viren in sich vereint: Die Dummheit und die Boshaftigkeit ... Alle vergessen, dass die Aussage des „Herrn Professor mit etwas klangvollerem Namen" von der Wirklichkeit widerlegt ist: Zehntausendefach öfters stirbt der Mensch von Menschenhand als wegen eines Tieres – egal von welcher Gattung dieses ist! Und was deine so harmlose Gattung betrifft, muss ich sagen,

Krällchen, ich habe nie gehört, dass einer deiner Gleichen dem Mensch den Tot gebracht hätte. Der Mensch aber brachte euch diesen so oft ... so oft ...

Der Mensch ist gierig. Seine Gier hat weder Grenzen noch Zügel. Sobald er ergattert hat, was er sich wünschte, will er wieder mehr und mehr ... selten begnügt er sich mit dem, was er hat! Im Gegensatz zu Tieren, wenn der Mensch satt ist, bekommt er noch kräftigeren Hunger. Dann beginnt er einen verbissenen Kampf ohne Skrupel und Moral. Nichts respektiert er mehr, nichts ist ihm heiliger als sein Wunsch zu haben. Dieser Kampf des Menschen, der ein Leben lang andauert und oft umkehrt gegen sich selbst, ist nichts anderes, als eine Form von Hysterie. Die Gier ohne Grenzen und Sinn *ist* Hysterie! Es ist wahr: Eine etwas ruhigere Hysterie – es wird nicht geschrien und gebrüllt wie wild – eine „manierliche" Hysterie, deren Hauptfiguren, schick gekleidet und parfümiert, oft sogar ein Lächeln zeigen, von dem sie glauben freundlich zu sein. Eine „destillierte" Hysterie, nicht wie jene, die in Kneipen und auf der Straße anzutreffen ist. Unheil und Leid sind groß wenn einer, der im Kommandoraum der globalisierten Hysterie sitzt, eine Gewinnquelle in Jemanden oder Etwas wittert. Der raffinierte und gutduftende Hauptdarsteller der Gier-Prozession ködern gekonnt die Menschen, versprechen ihnen Vermögen und sehr oft geben sie ihnen im Tausch Armut und sogar Hunger. Wenn die düsteren Prinzen des ungezügelten Gewinns in euch Tieren eine Möglichkeit zur Vermögensvermehrung sehen, beginnt sogar ein Genozid. Deren Knechte und Vollstrecker, auch sie von Hysterie erfasst, jagen euch, ob klein oder groß, überall, für eure Haut, Fell oder Fleisch. Sie töten euch bestialisch, so wie nur noch im Inferno möglich ist. Nicht mal die Großen und Starken kommen davon: Krokodile, Tiger, Haie und Elefanten werden auch geopfert und im Namen der hysterischen Liebe zum Gewinn in Geld umgewandelt.

Vor der menschlichen Gier hat keiner von euch die geringste Chance ... keiner von euch ...

Obwohl es viele Werke und auch Taten der Menschen gibt, die von edler Schönheit und würdig zu bewundern sind, passiert es mir oft, in späten Abendstunden der Gedanken und Meditation, mich zu erinnern an das, was die Menschen mit euch Tieren, klein und groß, aus blanker Gier machen, an die Kriege, die er anzettelt, mich zu erinnern, wie oft der Mensch seine Gleichen tötet, sogar seine Eltern oder Kinder, wie oft der Mensch beleidigt, erniedrigt und schlägt den Anderen in irgend einer möglichen Weise ... Dann erscheint in dem enttäuschten Geist die bleischwere Idee, die schlimmste, unerträglichste Idee: Ich schäme mich, ein Mensch zu sein ...

Krällchen, geliebtes Wesen, ich habe dir all dieses doch erzählt, damit du weißt, wie du dich vor einigen Menschen schützen sollst, wenn du alleine bleibst und ich dorthin gegangen bin, wovon niemand wiederkehren kann.

***

Aber ich bin nur ein Mensch ... leider nur ein Mensch ... Und nichts, was menschlich ist, ist mir fremd: Von Zeit zu Zeit erfasst mich, ja, schlägt mich auch die Vernunft. Dieses menschliche Biest – so menschlich – weiß wohl den Traum zu jagen und zu zerstören ... der Traum, der so oft schöner ist als die Wirklichkeit! Die stiefmütterlich strenge Vernunft zwingt mich jetzt zu gestehen: Krällchen gab es nie! Alles, was ich bis jetzt geschrieben, gedacht und gefühlt habe ist verdammt, Asche zu werden. Warum sind wir denn fähig, unsere Träume zu zerstören? Warum ist uns so selten gegeben, bis zu Ende zu träumen? Warum? Vernunft! Warum bringst du uns so oft Enttäuschung?

Das kleine, so geliebte Lebewesen war nur die Schöpfung meines vereinsamten Geistes und meines Herzens, das sich nach

Liebe sehnt. Es hatte nicht das Recht, Wirklichkeit zu werden, denn ich bin nicht allmächtiger Herr meines Lebens … Krällchen war meiner Träume Vater und zugleich auch Kind. Er wiegte meine Sehnsüchte hin und her und streichelte sie auch. Er war die gute, milde Amme der Sehnsüchte, die mir ein Leben lang kein Mensch erfüllen konnte.

Sollte ich dafür der Schimäre danken, oder mir selbst, dass es mir gelungen ist, sie zu erfinden? Nein! Es ist kein Platz und keine Zeit für „Dankeschön". Es wäre banal und auch stupide. Aus dieser hoffnungslosen Liebesgeschichte entsteht eher eine Pflicht:

Krällchen, wenn du irgendwann tatsächlich geboren wirst und ich ins Jenseits schon gegangen bin, sollst du Folgendes wissen und nicht vergessen. Dort, oben in dem Himmel, werde ich mit dem lieben Gott arrangieren, einen Stern von den vielen, die auf dem erhabenen und endlosen Firmament sind, euch Tiere, klein und groß, zu schenken. Unermüdlich sollst du allen Tiere kundtun, dass sobald sie diese böse und feindselige Welt verlassen werden, bekommen sie einen Platz auf diesem strahlenden Stern. Dort wird euer Reich sein, den kein Mensch jemals betreten wird. Dort werdet ihr alle in Sicherheit und nur nach euren Gesetzen ewig leben. Du musst allen verkünden, dass in schwerer Stunde der Gefahr, wäre es gut, nach oben zu dem wunderbaren Stern zu blicken, um ein wenig sich zu trösten und die von Menschen verursachten Angst und Furcht zu mildern versuchen. Besonders die am meisten zu bedauernden Tiere, die in den Schlachthöfen der Apokalypse zu Tausenden ihr Leben lassen müssen, sollten vor ihrem letzten Atemzug nach oben zu dem verschenkten Stern die Augen richten.

Ich werde auch einmal, nur ein einziges Mal und nur für paar Minuten mich auf euern Stern begeben. Ich werde dir, mein sehr geliebtes Krällchen, ein kleines, gut verschnürtes Bündel bringen. Ich bitte dich schon jetzt, dieses sorgfältig auf einer schönen sonnigen Wiese zu begraben. Denn sein Platz kann nur dort, neben euch, auf jenem hellen Stern sein. Es ist nicht nötig, den Anderen über das einzigartige Bündel zu erzählen. Du aber darfst und musst es wissen: In dem Bündel befinden sich alle meine mumifizierte Sehnsüchte ...

Ich habe die Arbeit an diesem Text heute, den 16. August, 2014 abgeschlossen. Ich muss gestehen, dass während der Arbeit mich wiederholt der Gedanke verfolgt hat, es könnte sein, dass diese Zeilen die letzten werden, die ich schreibe. Vielleicht wird es so, vielleicht auch nicht ... Ich weis es selber nicht ... Aber die Ernsthaftigkeit und die Schwere der Grundstimmung dieses Textes übereinstimmen vollkommen mit meiner inneren Stimmung! Ich habe in meinen Schriften niemals gelogen.

Der Autor

Thomas Brandsdörfer wurde in Rumänien als Sohn eines Deutschen und einer Russin, die 1917 ihre Heimat verlassen musste, geboren. Seit 1969 ist er im Bereich der Kunst und der Kunsttheorie tätig, auch unter dem Pseudonym Vladimir Brânduș.

- Er war Schauspieler, Regisseur, Dramaturg und hat Bühnenbilder und Plakate entworfen. Seine Bühnenadaptation des Werkes *Lob der Torheit* von Erasmus von Rotterdam hat er in Deutschland uraufgeführt.

- In Schweden hat Thomas Brandsdörfer eine internationale Kunstgalerie gegründet und über mehrere Jahre geführt.

- Er hat zahlreiche Kommentare, Artikel und Studien über Kunst in Fachzeitschriften, im Fernseh- und Hörfunk veröffentlicht. In den 70-er Jahren hat er entscheidend bei der Gestaltung der Kunstseiten der Literaturfachzeitschrift *Steaua* in Cluj-Napoca (Klausenburg) mitgewirkt.

- 1979 veröffentlichte er ein kunsttheoretisches Buch: *Artă și critică în perspectivă comunicațională – trei teze despre feed-back în artă* (*Kunst und Kritik vom Standpunkt der Kommunikation – drei Thesen über feed-back in Kunst*) (Eminescu Verlag, Bukarest).

- 2006 erscheint eine grössere Auswahl seiner Essays unter dem Titel *Eseuri – numite de autor și Panseluțe* (*Essay's – vom Autor auch Stiefmütterchen genannt*) und die erste Auflage des Romans *Frumoasa insulă* (*Die schöne Insel*) (Clusium Verlag, Cluj-Napoca/Klausenburg).

- 2007 erscheint eine Auswahl von „kleinen" Essays unter dem Titel *Gânduri alţfel despre...* (*Andere Gedanken über...*) (Clusium Verlag, Cluj-Napoca/Klausenburg).

- 2008 erscheint in Deutschland sein Roman *Die schöne Insel* (Pop Verlag, Ludwigsburg). Im selben Jahr verfasste er den Roman *Iluziile unui secol – 120 de ani în Europa* (*Illusionen eines Jahrhunderts – 120 Jahren in Europa*), eine sozio-psychologische Betrachtung des 20. Jahrhunderts mittels einer Familiensaga (erschienen bei BoD, 2015).

- 2009 verfasst Thomas Brandsdörfer eine Sammlung von Essays unter dem Titel *Was die Wörter flüstern* (erschienen 2015 bei BoD).

- 2010 verfasst der Autor den Roman *Weißer See* – die tragische Geschichte einer an Demenz erkrankten Frau. Das Buch erschien bei BoD im Jahr 2015.

- 2011-2014 schrieb er wieder Essays, die unter dem Titel *Plimbări printre idei şi emoţii 2013-2014* (*Wanderungen durch Ideen und Gefühle 2013-2014*), bei BoD 2015 veröffentlicht wurden. (Einige Titel: *Zeit, Gewässer und Anschauungen*, *Das Schweigen, die Ziffer Null und die Ruhe*, oder *Farbe und Sein*).

Seit 1980 lebt und arbeitet Thomas Brandsdörfer in Düsseldorf.

Notizen

Notizen